VEGANE
ONE POT GERICHTE

VEGANE
ONE POT GERICHTE

70 KÖSTLICHE GERICHTE FÜR JEDEN TAG

Librero

Titel der Originalausgabe: *Vegan One-Pan*

www.librero-ibp.com

Die englische Originalausgabe erschien 2023 bei Ryland Peters & Small Limited, 20-21 Jockey's Fields, London WC1R 4BW.

Design Toni Kay
Redaktion Abi Waters
Redaktionsleitung Julia Charles
Herstellungsleitung Patricia Harrington
Herstellung Gordana Simakovic
Kreativdirektorin Leslie Harrington

Register Vanessa Bird

Übersetzung aus dem Englischen:
Anita Weinberger-Schwendenwein, Wien
Redaktion und Satz der deutschen Ausgabe:
Print Company Verlagsges.m.b.H., Wien

Printed by GPS Group

ISBN: 978-94-6499-016-4

ANMERKUNGEN

- Alle Maßangaben in Löffeln entsprechen gestrichenen Löffeln, außer es ist anders angegeben.
- Wenn ein Rezept Zitrusschale verlangt, kaufen Sie unbehandelte Früchte und waschen Sie sie vor der Verwendung gut. Wenn Sie nur behandelte Früchte finden, schrubben Sie sie vor der Verwendung gut in warmer Seifenlauge.
- Backöfen sollten auf die angegebene Temperatur vorgeheizt werden. Wir empfehlen, Ofen-Thermometer zu verwenden. Bei Backöfen mit Umluft passen Sie die Temperatur gemäß den Herstellerangaben an.

INHALT

EINLEITUNG

Pflanzenbasierte Ernährung war noch nie populärer. Früher betrachtete man Gemüse als Beilage zu Fleisch- oder Fischgerichten, doch heute ist es der aufsteigende Star. Das Großartige dabei ist, dass es eine Überfülle an wunderbaren, vielseitigen und gesunden Gemüsesorten und frischen Kräutern gibt. Und immer mehr Menschen ziehen sich zu Hause ihre eigenen Pflanzen. Man kann heute wunderbare Gewürze und Zutaten aus aller Welt kaufen, und es gibt so viele Dinge, die unseren Mahlzeiten Eiweiß liefern, ohne Fleisch oder Fisch kochen zu müssen – somit fällt eine vegane Ernährungsweise leicht. Das, in Verbindung mit dem Kochen in einem Topf oder auf einem Blech, macht es in der Küche viel einfacher und spart Zeit – nicht nur beim Kochen, sondern auch beim Aufräumen, wodurch uns in unserer hektischen Welt mehr kostbare Freizeit bleibt.

KOCHEN IN EINEM TOPF

Das ist nur eine kleine Auswahl an verschiedenen Töpfen und Pfannen, die Sie brauchen werden, um die Gerichte in diesem Buch zuzubereiten. Damit können Sie effizienter kochen und viel Zeit sparen.

Schmortöpfe mit Deckeln: unglaublich vielseitig und perfekt für Suppen und auf dem Herd gekochte Eintöpfe oder Stews

Kasserollen/Bräter/Tajines: Hochleistungsgeschirr mit fest sitzenden Deckeln – werden im allgemeinen für langsam im Backofen Gebackenes und Geschmortes verwendet.

Bratpfannen: In eine ofenfeste, leistungsfähige Pfanne zu investieren, wird Ihnen größere Vielseitigkeit in der Küche bringen, da man ein Gericht auf dem Herd beginnen und im Backofen fertig garen kann.

Wok: für schnelle Mahlzeiten wie Pfannengerichte

Bräter und Brat- und Backformen: Gute, solide Bräter zu kaufen und sie gut zu pflegen, wird Ihnen gute Dienste leisten und auf lange Sicht Geld sparen. Kaufen Sie einige Exemplare in verschiedenen Größen und Tiefen, die sich für unterschiedliche Gerichte eignen.

EINE GUT AUSGESTATTETE VORRATSKAMMER

Man sollte die Vorteile einer gut ausgestatteten Vorratskammer nie unterschätzen – wobei Qualität immer vor Quantität stehen sollte. Die beste Vorratskammer ist die, die auf natürliche Art danach verlangt, regelmäßig wieder aufgestockt zu werden, weil sie mit Dingen gefüllt ist, die Sie jeden Tag verwenden. So werden Sie sehen, dass Sie jederzeit etwas fürs Abendessen zaubern können, auch wenn Sie einen besonders anstrengenden Tag hatten.

FRÜHSTÜCK

SCHOKOLADE-KOKOS-MÜSLI

Wenn man sein Frühstück süß und knusprig liebt, ist die Zubereitung eines eigenen Müslis eines der leichtesten und befriedigendsten Dinge. Diese Version mit Kakaopulver schmeckt wie Zerealien mit Schokolade-Puffreis.

- **190 g Haferflocken**
- **80 g Mandelblättchen (als Ersatz Sonnenblumen- oder Kürbiskerne/ Pepitas für eine Version ohne Nüsse)**
- **4 EL Kakaopulver**
- **2 EL Chiasamen**
- **½ TL Meersalz**
- **1 EL Maca-Pulver (optional)**
- **60 ml geschmolzenes Kokosfett**
- **60 ml reinen Ahornsirup**
- **45 g Kokosraspel**

ERGIBT ETWA 500 G

Backofen auf 160 °C vorheizen.

Haferflocken, Mandeln, Kakaopulver, Chiasamen, Salz und Maca (wenn verwendet) in einer großen Schüssel vermengen, sodass der Kakao gleichmäßig verteilt ist.

Öl und Ahornsirup in einem Glasmessbecher mit Schnabel mit einer Gabel verquirlen. Feuchte Zutaten zu den trockenen geben und so lange verrühren, bis die Haferflocken gleichmäßig damit überzogen sind.

Eine gleichmäßige Schicht auf das vorbereitete Backblech geben und im vorgeheizten Ofen 20 Minuten backen. Blech aus dem Ofen nehmen, um 180 Grad drehen, mit Kokosraspeln bestreuen und weitere 15–20 Minuten backen.

Anmerkung: Sollte es an einem Punkt verbrannt riechen, Blech aus dem Ofen nehmen, etwas auskühlen lassen, Mischung umrühren und Ofentemperatur leicht reduzieren. Dann das Blech wieder in den Ofen schieben. Danach herausnehmen und Müsli auf dem Blech vollständig auskühlen lassen – so erst wird es richtig knusprig und bekommt den richtigen Biss. Sobald die Masse ausgekühlt ist, in Stücke brechen und in einem luftdicht verschließbaren Glas bei Raumtemperatur bis zu 2 Wochen, oder im Kühlschrank bis zu 1 Monat aufbewahren.

KLASSISCHES GEMISCHTES HAFER-PORRIDGE

- **70 g Hafergrütze**
- **50 g Haferflocken**
- **2 TL Apfelessig**
- **500 ml Wasser, plus mehr zum Einweichen**
- **250 ml pflanzliche Milch nach Wahl**
- **3/4 TL Salz**

OPTIONALE TOPPINGS

- **Beerenkompott**
- **Geröstete Kokosraspel (siehe rechts**
- **Geschnittenes frisches Obst (wie Bananen, Erdbeeren oder Kiwi)**
- **Gehackte Trockenfrüchte (wie Cranberrys, Ananas oder Papaya)**
- **Für zusätzliche Textur (Pistazien, Chiasamen, gefriergetrocknete Himbeeren oder Blaubeeren-pulver)**
- **Brauner Zucker oder reiner Ahornsirup**

ERGIBT 2–3 PORTIONEN

Diese geniale und doch einfache Kombination von Hafergrütze und altmodischen Haferflocken ergibt eine cremige Konsistenz mit Textur, die sehr befriedigend ist.

Am Vorabend beide Haferarten in genügend Wasser einweichen, sodass das Wasser etwa 5 cm Wasser über dem Getreide steht und Apfelessig zugeben. Bei Raumtemperatur mindestens 8 Stunden quellen lassen.

Am nächsten Morgen Hafer abgießen und abspülen. In einen mittelgroßen Topf geben und Wasser, Milch und Salz zugeben. Zum Kochen bringen, dann Temperatur reduzieren, Deckel aufsetzen, dabei einen Spalt offen lassen und 10–15 Minuten köcheln lassen, gelegentlich umrühren. Der Großteil der Flüssigkeit sollte aufgesogen werden, doch die Mischung locker und nicht klebrig sein. Sollte es für Ihren Geschmack zu dick sein, etwas Wasser oder Milch zugießen, einrühren und einige Minuten länger kochen lassen.

Mit den gewünschten Toppings servieren.

GERÖSTETE KOKOSRASPELN

- **45 g große ungezuckerte, getrocknete Kokosraspel**

ERGIBT 45 G

Backofen auf 180 °C vorheizen. Kokosraspeln auf einem mit Backpapier ausgelegten Backblech ausbreiten und 3–5 Minuten goldbraun backen. Kokosraspeln nicht aus den Augen lassen, sie verbrennen sehr schnell. Auskühlen lassen. In einem luftdicht verschließbaren Glas oder Behälter bei Raumtemperatur bis zu 2 Wochen aufbewahren.

MÜSLI MIT PEKAN-NÜSSEN & KAKAORASPELN

MIT GOJI-BEEREN & PHYSALIS

- **250 g großblättrige Haferflocken**
- **100 g gemischte Kerne (Sonnenblumenkerne, Hanfsamen, Leinsamen, Chiasamen etc.)**
- **50 g festes Kokosfett (oder als Ersatz Olivenöl)**
- **50 ml/3½ EL brauner Reissirup**
- **1 Prise Salz**
- **150 g Pekan-Nüsse, grob gehackt**
- **100 g Physalis**
- **100 g Goji-Beeren**
- **50 g Kakaoraspel**

ERGIBT 10 PORTIONEN

Langes, langsames Backen verleiht dem Müsli einen angenehmen Geschmack und die knusprige Konsistenz macht es zu einem absoluten Gewinner (und ist viel billiger als gekauftes). Seine Konsistenz ist etwas lockerer als bei nichtveganen Versionen und es ist sehr schmackhaft. Servieren Sie es mit einem großen Klecks Ihres bevorzugten Kokos-Joghurts sowie etwas frischem Obst und einem Spritzer Dattelsirup für extra Süße .

Backofen auf 150 °C vorheizen.

Haferflocken und Kerne in eine Schüssel geben und Kokosfett darüberreiben (oder Olivenöl zugießen) und braunen Reissirup und Salz zugeben. Umrühren, bis alles gleichmäßig verteilt ist. In eine Backform geben und etwa 40 Minuten knusprig goldbraun backen.

Mit Pekan-Nüssen bestreuen, wieder in den Ofen schieben und weitere 5–10 Minuten backen, bis die Nüsse leicht geröstet sind. Aus dem Ofen nehmen und auskühlen lassen, erst danach Beeren und Kakaoraspel unterrühren. Man kann das Müsli in einem luftdicht verschließbaren Behälter bei Raumtemperatur bis zu 2 Wochen aufbewahren.

RHABARBER, BROMBEEREN & BLAUBEEREN-KOMPOTT MIT KOKOS-JOGHURT

- **400 g Rhabarber**
- **200 g Brombeeren**
- **200 g Blaubeeren**
- **60 g/5 EL Puderzucker**
- **60 ml kochendes Wasser**
- **Samen von 2 Vanilleschoten**
- **50 ml/3½ EL Grenadine (optional)**
- **400 g Kokos-Joghurt, zum Servieren**

ERGIBT 4 PORTIONEN

Diese Kombination aus drei Obstsorten schmeckt genauso gut, wie sie aussieht. Rhabarber im Ofen zu rösten, ist die perfekte Art, ihn zu kochen – so behält er seine Form (wenn man ihn nicht zu lange im Ofen lässt). Ein großzügiger Spritzer Grenadine – ein hübscher, rubinroter Sirup aus Granatapfelkernen – ist ein optionales Extra, doch es verleiht dem Saft einen schönen pinken Schimmer (man sollte jedoch echten Grenadine-Sirup verwenden, denn die billigeren, fast fluoreszierenden Säfte sind oft nur eine Mischung aus Maissirup und Farbstoffen).

Backofen auf 190 °C vorheizen.

Rhabarber schälen und fasrige Enden abschneiden. Stängel in 3 cm lange Stücke schneiden und auf einem großen, tiefen Backblech auflegen. Brombeeren und Blaubeeren darüber verteilen. Zucker mit kochendem Wasser in einem Krug verrühren und Vanillesamen zugeben. Grenadine (wenn verwendet) einrühren und die Mischung über das Obst auf dem Blech gießen. Mit Aluminiumfolie abdecken und etwa 12–15 Minuten rösten, bis der Rhabarber weich ist. Aus dem Ofen nehmen und warm mit Kokos-Joghurt servieren.

HAFERMILCH-PORRIDGE MIT BIRNEN, MANDELN & DATTELSIRUP

- **160 g großblättrige Haferflocken**
- **1,2 l Hafermilch**
- **75 g gemischte Kerne**
- **2 TL Vanillepaste**
- **1 TL Zimt, gemahlen**
- **3 mittelreife, aber feste Birnen, entkernt und gewürfelt**
- **80 g gemischte getrocknete Beeren (Sultaninen, Goji-Beeren, Physalis, Cranberrys etc.)**

ZUM SERVIEREN

- **2 EL geröstete Mandelblättchen**
- **4-5 EL Dattelsirup**
- **Extra Hafermilch**

ERGIBT 4–6 PORTIONEN

Vielleicht wundern Sie sich, warum in aller Welt man Porridge im Backofen machen sollte, wenn doch die konventionelle Art so wenig Zeit in Anspruch nimmt. Nun, es bedeutet, dass man nicht dauernd am Herd stehen und ständig umrühren muss, sondern einfach alles vermengt und es sich allein im eigenen Dampf zu einem himmlischen Frühstück entwickelt, während man in der Badewanne sitzen, Sonnengrüße praktizieren, sich für die Arbeit zurechtmachen oder sogar mit einem Buch zurück ins Bett schlüpfen kann!

Backofen auf 170 °C vorheizen.

Haferflocken und Hafermilch vermengen. Kerne, Vanillepaste, gemahlenen Zimt, gewürfelte Birnen und getrocknete Beeren unterrühren. Mischung in eine Backform füllen, mit Aluminiumfolie abdecken und 30 Minuten backen. Aus dem Ofen nehmen und auf Schüsselchen verteilen. Mit gerösteten Mandeln bestreuen und mit Dattelsirup und extra Hafermilch nach Wunsch beträufeln. Sofort servieren.

SCHWARZER REIS MIT LORBEER-KOKOSMILCH MIT TROPISCHEN FRÜCHTEN

- 3 x 400 ml Kokosmilch in Dosen
- 250 g schwarzer Reis (Riso Venere)
- 50 g Puderzucker
- 1 Prise Salzflocken
- 2 Lorbeerblätter

ZUM SERVIEREN

- 1 reife Papaya
- ½ mittelreife Ananas
- 1 reife Mango
- 2 Kiwis
- 2–3 Maracujas

ERGIBT 4 PORTIONEN

Diese Kombination aus leicht süßem, klebrigen schwarzen Reis und Kokosmilch ist wirklich erstaunlich – doch es verlangt nach einer Prise Salzflocken, um alles zu vervollkommnen; lassen Sie sie bitte nicht weg.

Backofen auf 170 °C vorheizen.

Kokosmilch in eine Backform mit hohem Rand gießen. Eine der Dosen mit Wasser füllen und zur Milch gießen. Reis, Zucker, Salz und Lorbeerblätter einrühren. Mit Aluminiumfolie abdecken und etwa 1¼ Stunden backen, bis der Reis weich und sämig, aber nicht trocken ist.

Papaya schälen, halbieren, die Samen entfernen und in Scheiben schneiden. Ananas schälen, harten Strunk entfernen und Fruchtfleisch in Stücke schneiden. Mango schälen, entkernen und in Scheiben schneiden. Kiwis schälen und in Scheiben schneiden. Marajucas halbieren.

Lorbeerblätter aus dem Reis nehmen, kurz umrühren und in Schüsselchen servieren, garniert mit Obststücken und Maracuja-Fruchtfleisch.

BRUSCHETTA MIT ZIMT UND PFLAUMEN MIT BRAUNEM ZUCKER

- 600 g Pflaumen, halbiert und entkernt
- 4 mittelgroße Scheiben Roggen-Sauerteigbrot
- 50 g/3½ EL Kokosfett
- 50 g dunkler oder heller Muskovado-Zucker
- 1 TL Zimt, gemahlen
- Pflanzenbasierter Joghurt, zum Servieren

ERGIBT 4 PORTIONEN

Klebrige, zimtgewürzte Pflaumen und knusprige Ofen-Bruschetta sind ein wahrlich exquisiter Start in den Tag. Eine Kaskade von Soja- oder Kokos-Joghurt (oder eine Creme aus Cashewkernen) hebt sie auf eine noch höhere Stufe.

Backofen auf 200 °C vorheizen.

Pflaumen mit der Schnittfläche nach oben auf der einen Seite des Backblechs auflegen. Brotscheiben mit etwa der Hälfte des Kokosfettes bestreichen, das übrige Fett in Klecksen über den Pflaumen verteilen, Zucker und Zimt vermengen und etwas davon auf die Brote streuen und diese dann mit der anderen Seite nach unten auf das Blech legen. Restlichen Zucker über die Pflaumen streuen. Etwa 30 Minuten backen, bis das Brot knusprig ist und die Pflaumen wunderbar weich sind. Pflaumen auf die Bruschetta legen und warm mit Joghurt servieren.

Foto siehe nächste Seite

KÖRNIGES PORRIDGE AUF 3 ARTEN

FÜR ALLE ARTEN

- 50 g körniges Porridge (siehe unten)

ÜBER-NACHT-PORRIDGE

- 1/4 TL Zimt, gemahlen
- 100 ml Mandelmilch
- 1 Prise Salz
- 2 EL pflanzlicher Joghurt
- 50 g gemischte getrocknete Früchte und Nüsse
- 1 Apfel, gerieben, plus extra für den Abschluss
- 1 Spritzer Dattelsirup
- 1/2 EL Nussbutter

NUSSIGES PORRIDGE

- 300 ml Cashew-Milch
- 30 g Datteln, gehackt (plus extra für den Abschluss)
- 30 g gemischte Nüsse, gehackt
- 2 EL Chiasamen
- 1/2 TL Zimt, gemahlen
- 1/2 TL rohes Kakaopulver
- 2 getrocknete Ananasscheiben, gehackt
- 1–2 EL Reis-Malzsirup

BEEREN-ROSEN-PORRIDGE

- 250 ml einfache Hafermilch
- 1/2 TL Zimt, gemahlen
- 1–2 TL Dattelsirup
- 100 g tiefgefrorene Beeren
- 2 EL Cashew-Butter
- 1–2 EL Kokos-Joghurt
- Einige Tropfen Rosenwasser
- 1 Handvoll frische Beeren
- Einige essbare Rosenblätter (optional)

ERGIBT 1 PORTION

Hier sind drei elegante Arten, körniges Porridge zu essen. Die Über-Nacht-Version kombiniert Nussmilch mit Nüssen und Zimt mit einem Abschluss von Nussbutter und geriebenem Apfel für herbe Frische. Die zweite ist nussig und nahrhaft, mit Datteln, Gewürzen und getrockneter Ananas. Beeren und Rosenwasser sorgen für eine guten Start in den Tag.

ÜBER-NACHT-PORRIDGE

Am Vorabend Zimt und Mandelmilch mit einer Prise Salz ins körnige Porridge rühren.

Am nächsten Tag wenn nötig mit etwas Wasser auflockern. Mit Joghurt, getrockneten Früchte und Nüssen, Apfel, einem Spritzer Dattelsirup und Nussbutter vollenden.

NUSSIGES PORRIDGE

Körniges Porridge mit Cashew-Milch in einen Topf geben und umrühren.

Datteln, Nüsse, Chiasamen, Zimt und Kakaopulver zugeben und unter gelegentlichem Rühren 5 Minuten kochen.

Mit gehackten Datteln, getrockneter Ananas und Reis-Malzsirup garnieren.

BEEREN-ROSEN-PORRIDGE

Körniges Porridge mit Hafermilch, Zimt und Dattelsirup in einen Topf geben und 5 Minuten unter Rühren sanft köcheln lassen, bis die Haferflocken cremig gegart sind. Tiefgefrorene Beeren zugeben und 2 Minuten erwärmen. Cashew-Butter, Kokos-Joghurt und einige Tropfen Rosenwasser einrühren, dann alles in eine Servierschüssel geben und mit frischen Beeren und nach Wunsch mit einigen Rosenblättern garnieren.

KÖRNIGES PORRIDGE

- **200 g Haferflocken**
- **200 g Dinkelflocken**
- **200 g Roggenflocken**

ERGIBT 8–10 PORTIONEN

Hafer-, Dinkel- und Roggenflocken portionsweise in einer großen Pfanne 5 Minuten goldbraun rösten, dann auskühlen lassen und in einen luftdicht verschließbaren Behälter geben. Wenn man es verzehren will, einfach 50 g Porridge-Mischung mit 300 ml Milch oder Wasser 5 Minuten aufkochen, dabei gelegentlich umrühren.

TOFU-SCRAMBLE

- 150 g frische Shiitake-Pilze
- 4 EL Olivenöl
- 120 g Zwiebeln, in feine Halbmonde geschnitten
- ½ TL Meersalz
- 80 g geschälte Spargel, untere Enden diagonal geschnitten (bei wildem Spargel nur die weichen Spitzen verwenden)
- 2 EL Tamari-Sauce
- ½ TL Kurkuma, gemahlen
- 300 g frischer Tofu, mit einer Gabel zerdrückt
- 4 EL Wasser, wenn nötig
- 1 TL dunkles Sesamöl
- ½ TL Basilikum, getrocknet oder 2 EL frisches Basilikum, gehackt
- Schwarzer Pfeffer, zerstoßen

ERGIBT 2–3 PORTIONEN

Es ist unmöglich, sich vorzustellen, dass jemand diese Art von Zubereitung von Tofu nicht mag. Das Gericht zieht besonders frühere Ei-Liebhaber an, da es sehr ähnlich wie Rührei aussieht und schmeckt. Eigentlich viel besser als Rührei! Da man viele verschiedene Gemüsesorten, Kräuter und Gewürze verwenden kann, ist dies nur ein Vorschlag für den Frühling, wenn viel Spargel (wild oder angebaut) auf den Bauernmärkten angeboten wird. Verwenden Sie einen großen, gusseisernen Wok oder eine Pfanne mit schwerem Boden.

Pilze längs halbieren, dann in dünne Stücke schneiden. Olivenöl, Zwiebeln und Salz in einem Wok bei mittlerer Hitze kurz anbraten, dabei kräftig umrühren, damit sich nichts anlegt.

Pilze, Spargel, Tamari-Sauce und Kurkuma zugeben und mit zwei Holzlöffeln umrühren. Sobald die Pilze etwas Tamari-Sauce aufgesogen haben, Temperatur erhöhen, Tofu zugeben und weitere 1–2 Minuten rühren. Die Mischung sollte gleichmäßig gelb sein. An diesem Punkt kann man Wasser zugeben, um es etwas saftiger zu machen, und einige Minuten weiterkochen. Es hängt jedoch vom verwendeten Tofu ab, ob man zusätzliches Wasser benötigt – weicherer Tofu ist feucht und braucht am Ende der Kochzeit kein zusätzliches Wasser.

Dunkles Sesamöl und Basilikum einrühren, mit Salz und Pfeffer würzen und mit einigen Scheiben geröstetem, hausgemachtem Brot warm servieren.

SUPPEN & BRÜHEN

KÜRBIS-KOKOS-SUPPE MIT WÄRMENDEN GEWÜRZEN

- 1 EL Avocadoöl oder Kokosfett
- 1 Zwiebel, gewürfelt
- 3 Knoblauchzehen, fein gehackt
- 2 EL Ingwer, frisch gerieben
- 1 TL Kreuzkümmel, gemahlen
- 1/2 TL Zimt, gemahlen
- 1/2 TL Cayenne-Pfeffer
- 1/4 TL Muskatnuss, gemahlen
- 1 Prise Piment, gemahlen
- 2 Karotten, grob gehackt
- 450 g Kürbis, gewürfelt oder 800 g Kürbispüree aus der Dose
- 475 ml kochendes Wasser
- 400 g Kokosmilch aus der Dose (vorzugsweise vollfett)
- Meersalz, nach Geschmack
- 135 g gekochter brauner Reis, Gerste oder Zweikorn, zum Servieren

ERGIBT 4–6 PORTIONEN

Diese Suppe mit Gewürzen wärmt an den ersten kühlen Herbstabenden. Mit ihrer leichten Süße, der kühnen Gewürzkombination und dem nussigen Getreide zum Servieren verströmt sie ein erdendes und gemütliches Gefühl und grenzt sich gleichzeitig von anderen einfachen Kürbissuppen ab. Sie schmeckt besonders gut mit frischem Koriander und einem Spritzer frischem Limettensaft.

Öl in einem großen Topf mit Deckel bei mittlerer Hitze erwärmen. Zwiebeln zugeben, mit Salz würzen und etwa 6–8 Minuten goldbraun rösten, dabei gelegentlich umrühren.

Knoblauch, Ingwer, Kreuzkümmel, Zimt, Cayenne-Pfeffer, Muskatnuss und Piment zugeben und 1 Minute unter ständigem Rühren braten.

Karotten und Kürbis zugeben, mit Salz würzen, kochendes Wasser zugießen und umrühren. Zudecken und etwa 10 Minuten kochen. Deckel abnehmen und weitere 10 Minuten köcheln lassen, bis das Gemüse weich ist.

Herd abschalten und Kokosmilch einrühren. Mit einem Stabmixer oder portionsweise in einer Küchenmaschine fein pürieren. Suppe mit einem Schöpfer gekochtem Reis, Gerste oder Zweikorn auf Schüsselchen verteilen.

GRÜNE THAI-SUPPE

- **Oliven- oder Avocadoöl, zum Braten**
- **1 Lauch, nur weiße und hellgrüne Teile, dünn geschnitten**
- **2 Knoblauchzehen, fein gehackt**
- **2 EL grüne Thai-Currypaste (Marke überprüfen, ob sie vegan ist)**
- **1 Kopf Brokkoli mit Strunk, in kleine Stücke gehackt**
- **475 ml kochendes Wasser**
- **1 Zucchini, grob gehackt**
- **125 g Erbsen, tiefgefroren**
- **2 große Handvoll Grünkohl, ohne Stängel, grob gehackt**
- **400 g Kokosmilch aus der Dose (vorzugsweise vollfett)**
- **5 Zweige frischer Koriander mit Stängeln (plus mehr zum Servieren), grob gehackt**
- **Meersalz, nach Geschmack**
- **Gekochter brauner Reis, zum Servieren (optional)**

ERGIBT 3–4 PORTIONEN

Diese Suppe ist perfekt, um Reste an grünem Gemüse zu verbrauchen. Sie bekommt die Thai-Würze von der grünen Currypaste, die Cremigkeit von der Kokosmilch und sie ist vollgepackt mit frischem Gemüse. Man kann Spinat (frisch oder tiefgefroren) oder Mangold statt des Grünkohls verwenden oder den einen Kohlrabi, mit dem man nicht weiß, was man tun soll – in dieser Suppe ist alles gut. Man kann die Suppe entweder püriert mit einem Schöpfer braunem Reis oder mit ganzen Gemüsestücken servieren.

Einen großzügigen Spritzer Öl in einem Topf mit Deckel bei mittlerer Hitze erwärmen. Lauch zugeben, nach Geschmack mit Salz würzen und 5–7 Minuten unter gelegentlichem Rühren braten, bis der Lauch weich ist.

Knoblauch zugeben und 1 weitere Minute braten. Currypaste einrühren und 1 Minute mitbraten. Brokkoli und kochendes Wasser zugeben und umrühren.

Wieder zum Köcheln bringen und Zucchini zugeben. Zudecken und etwa 5 Minuten köcheln lassen, bis das Gemüse weich ist.

Erbsen und Grünkohl einrühren, zudecken und weitere 1–2 Minuten kochen, bis der Grünkohl zusammengefallen ist. Herd abschalten und Kokosmilch (etwas für das Servieren beiseitegeben) und Koriander einrühren.

Wenn die Suppe püriert wird, einen Stabmixer verwenden oder portionsweise in einer Küchenmaschine mittelfein pürieren.

Suppe auf Schüsselchen verteilen, mit Koriander garnieren, einen Spritzer Kokosmilch darübergeben und wenn gewünscht mit einer Portion gekochtem braunem Reis servieren.

FRÜHLINGS-GEMÜSESUPPE

- Olivenöl, zum Braten
- 1 Zwiebel, fein gewürfelt
- 2 Lauchstangen, nur weiße und hellgrüne Teile, dünn in Halbmonde geschnitten
- 3 Knoblauchzehen, fein gehackt
- 10 Zweige frischer Thymian, Blätter abgezupft
- 1 EL frische Petersilie, Blätter und Stängel, fein gehackt
- 950 ml Gemüsebrühe
- 400 g weiße Bohnen aus der Dose, abgegossen und abgespült
- 1 Zucchini, in kleine, mundgerechte Stücke geschnitten
- 125 g tiefgefrorene Erbsen, aufgetaut
- 1 Karotte, geschält und in Bänder gehobelt
- 130 g Grünkohl, ohne Stängel, gehackt
- Meersalz, nach Geschmack
- Veganes Pesto, zum Servieren

ERGIBT 4–6 PORTIONEN

Diese Suppe schmeckt zwar, so wie sie ist, aber mit einem Löffel frisch gemachtem oder gekauftem Pesto ist sie noch besser. Es verstärkt den Geschmack durch Kräuter, die perfekt zu den wärmer werdenden Temperaturen im Frühling passen.

Ein wenig Olivenöl in einem großen Topf oder Bräter bei mittlerer Hitze erwärmen. Zwiebeln und Lauch zugeben, mit Salz würzen und 7-8 Minuten weich dünsten, dabei gelegentlich umrühren.

Knoblauch, Thymianblätter und Petersilie einrühren und 1 Minute mitbraten.

Gemüsebrühe zugießen, Temperatur erhöhen und alles zum Kochen bringen. Bohnen zugeben, Hitze wieder reduzieren und ohne Deckel 15 Minuten köcheln lassen, dabei einige Male umrühren.

Zucchini zugeben und weitere 3 Minuten kochen, bis sie weich, aber nicht matschig sind.

Erbsen, Karottenstreifen und gehackten Grünkohl einrühren und vom Herd nehmen. Suppe etwa 5 Minuten ruhen lassen, damit sich die Aromen verbinden.

Auf Schüsselchen verteilen, je einen großen Löffel Pesto einrühren und servieren.

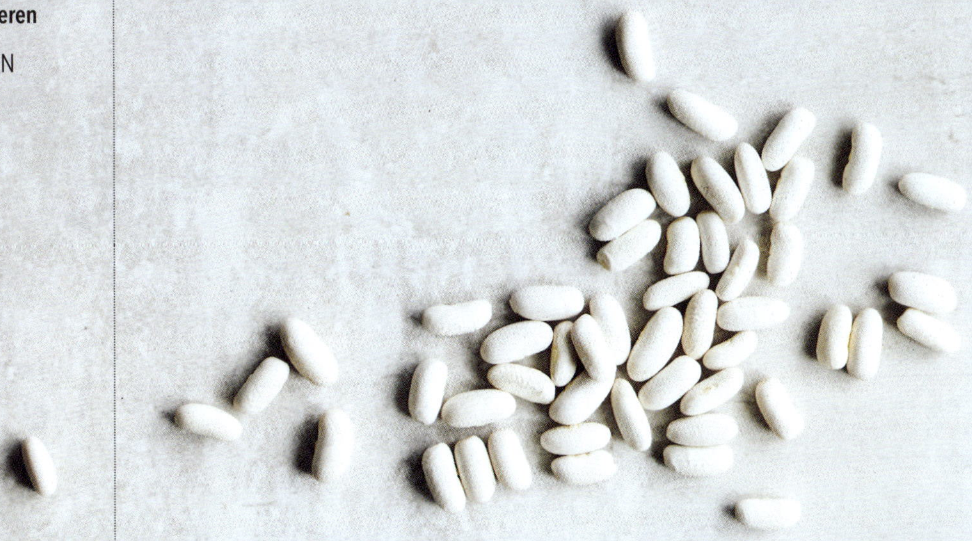

LINSEN-SPINAT-SUPPE MIT KREUZKÜMMEL

- 3 EL extra natives Olivenöl
- 2 Zwiebeln, in Scheiben geschnitten
- 4 Knoblauchzehen, in Scheiben geschnitten
- 1 TL Koriander, gemahlen
- 1 TL Kreuzkümmelsamen
- 150 g braune oder grüne Linsen
- 1,25 l Gemüsebrühe
- 200 g Spinat
- Saft von 1 Zitrone, frisch gepresst
- Meersalz und frisch gemahlener schwarzer Pfeffer

ZUM SERVIEREN

- 4 EL Kokos- oder Soja-Joghurt
- 25 g Pinienkerne, leicht geröstet

ERGIBT 4 PORTIONEN

Knusprig gebratene Zwiebeln sind ein feines Topping für diese orientalische Suppe, aber man muss tapfer sein und sie für das beste Aroma richtig bräunen, sodass sie fast schwarz aussehen. Um das zu erreichen, ohne sie zu verbrennen, muss man sie zuerst ganz weich dünsten.

Extra natives Olivenöl in einer großen Pfanne oder einem Topf mit schwerem Boden erhitzen, Zwiebeln zugeben und zugedeckt 8–10 Minuten weich dünsten. Die Hälfte der Zwiebeln herausnehmen und beiseitestellen.

Restliche Zwiebel in der Pfanne weitere 10 Minuten braten, bis sie dunkelbraun, süß und karamellisiert sind. Herausnehmen und zum Garnieren beiseitestellen.

Restliche weiche Zwiebeln wieder in die Pfanne geben, Knoblauch, Koriander, Kreuzkümmelsamen und Linsen zugeben und 1–2 Minuten rühren, bis alles mit Öl überzogen ist. Brühe zugießen, zum Kochen bringen, Hitze reduzieren und etwa 30 Minuten köcheln lassen, bis die Linsen weich sind.

Spinat zugeben und umrühren, bis er zusammenfällt. Die Hälfte der Suppe in einem Mixer pürieren und wieder in die restliche Suppe einrühren. Mit Zitronensaft, Meersalz und schwarzem Pfeffer würzen.

Suppe auf Schalen verteilen, mit einem Klecks Joghurt versehen und mit Pinienkernen und gebratenen Zwiebeln bestreuen.

HEILENDE MISO-SUPPE

- 7,5 cm langes Stück getrocknete Wakame (Seetang)
- 2,5 cm großes Stück frischer Ingwer
- 4 Frühlingszwiebeln
- 110 g frischer Tofu
- 2 EL Sesamöl
- 4 Knoblauchzehen, zerdrückt
- 1 Prise Meersalz
- 500 ml heißes Wasser
- 1–2 EL Gersten- oder Reis-Miso
- 2 EL frische Petersilie, gehackt
- Saft von ½ Zitrone, frisch gepresst

ERGIBT 2 PORTIONEN

Wenn Sie mit Schichten von Aromen für diese nahrhafte Suppe experimentieren wollen, versuchen Sie, verschiedene Miso-Sorten in derselben Brühe zu kombinieren. Da Hatcho-Miso (Soja-Miso) von guter Qualität ist, doch geschmacksintensiv ist, nehmen Sie ½ EL Soja-Miso und ½ EL Gersten-Miso, um die Vorteile beider Sorten zu genießen. Bei wärmeren Temperaturen könnten Sie eventuell dunklere Miso-Pasten durch milderes weißes Miso ersetzen.

Wakame in einer Schüssel mit 120 ml Wasser einweichen. Abgießen (Einweichwasser beiseitestellen), in kleine Stücke schneiden und beiseitestellen. Frischen Ingwer schälen und die Hälfte klein würfeln. Die andere Hälfte fein reiben und in einer kleinen Schüssel für später beiseitestellen. Frühlingszwiebeln hacken, dabei weiße und grüne Teile separieren. Tofu in kleine Würfel schneiden.

Weiße Teile der Frühlingszwiebeln in einer Pfanne in Sesamöl 1 Minute anbraten, dann Knoblauch, Ingwer und Salz zugeben. Einige Zeit sautieren, dann heißes Wasser zugießen, Tofu und beiseitegestellte Wakame mit dem Einweichwasser zugeben und zudecken. Zum Kochen bringen, dann Hitze reduzieren und 4 Minuten köcheln lassen und vom Herd nehmen.

Etwa 60 ml heißes Wasser in eine Schüssel gießen. Miso zugeben und mit einer Gabel zu Püree zerdrücken, bis es vollständig aufgelöst ist. In die Suppe gießen, zudecken und 2–3 Minuten ruhen lassen. Geriebenen Ingwer in die Hand nehmen, zusammendrücken und den austretenden Saft direkt in die Suppe fließen lassen. Restlichen Ingwer entfernen. Mit gehacktem Grün der Frühlingszwiebeln und frisch gehackter Petersilie bestreuen und mit Zitronensaft beträufeln. Sofort servieren.

MISO-NUDEL-EINTOPFSUPPE

- 100 g getrocknete Soba-Nudeln
- 1 TL Salz
- ½ EL Tamari-Sauce
- 2½ EL dunkles Sesamöl
- 3 getrocknete Shiitake-Pilze
- 1 Streifen Wakame (Seetang) (optional)
- 1 EL Knoblauch, gehackt
- 2 EL frischer Ingwer, gehackt
- 1 kleine Zwiebel, gewürfelt
- 2 Karotten, gewürfelt (etwa 100 g Gesamtgewicht)
- 120 g Kürbis, gewürfelt
- ¼ TL Kurkuma, gemahlen
- Frisch gemahlener schwarzer Pfeffer
- 1 Prise Chilipulver
- 100 g Mungobohnensprossen
- 2 EL Reis- oder Gersten-Miso
- 130 g Spinatblätter, gehackt

ERGIBT 3 PORTIONEN

Eine große Schüssel dieser Suppe ergibt ein großartiges Mittagessen, insbesondere wenn man sich müde und energielos fühlt. Sie ist auch ideal für ein spätes Abendessen, da sie nahrhaft ist, aber das ohnehin schon müde Verdauungssystem nicht zu sehr belastet. Außerdem haben getrocknete Shiitake-Pilze eine entspannende Wirkung.

Nudeln in einem großen Topf mit 1,25 l Salzwasser al dente kochen. Abgießen und Kochwasser beiseitestellen. Nudeln unter fließendem kaltem Wasser abspülen, abgießen, in eine Schüssel geben, mit Tamari-Sauce und ½ EL dunklem Sesamöl beträufeln und beiseitestellen.

Shiitake und Wakame (wenn verwendet) in einer kleinen Schüssel mit heißem Wasser übergießen und quellen lassen.

Topf, in dem die Nudeln gekocht wurden, ausspülen und restliches dunkles Sesamöl zugießen. Knoblauch und Ingwer bei mittlerer Hitze 2–3 Minuten anbraten, dann Zwiebeln, Karotten, Kürbiswürfel und 1 Prise Salz zugeben. Gut umrühren und 2–3 Minuten sautieren.

Kurkuma, Pfeffer und Chilipulver einrühren. Sobald die Gewürze und das Gemüse zu zischen beginnen, das Kochwasser und zusätzlich 500 ml heißes Wasser zugießen. Zudecken und bei mittlerer Hitze zum Kochen bringen. In der Zwischenzeit, Shiitake und Wakame abgießen und fein hacken, dabei die Stiele der Pilze entfernen.

Sobald die Suppe zu kochen beginnt, Mungobohnen, Shiitake und Wakame zugeben, Hitze reduzieren und zugedeckt 10 Minuten kochen. Miso in eine kleine Schüssel geben und mit einem Schöpfer heißer Suppe übergießen. Mit einem kleinen Quirl oder einer Gabel Miso vollständig auflösen. Suppe vom Herd nehmen und aufgelöstes Miso sowie gehackten Spinat zugeben. Bei Bedarf nachwürzen. Umrühren, zudecken und 1 Minute ruhen lassen.

Gekochte Nudeln auf Schalen verteilen und mit Suppe übergießen, dabei darauf achten, dass jede Portion viel Gemüse und Sprossen enthält. Sofort servieren.

SÜSSKARTOFFEL-AHORNSIRUP-SUPPE MIT KORIANDER

- **1 l Gemüsebrühe**
- **500 g Süßkartoffel, geschält und gehackt**
- **50 g frischer Koriander, plus extra zum Garnieren**
- **40 ml/2½ EL reiner Ahornsirup**
- **40 ml/2½ EL Sojasauce**
- **Saft von 2 Limetten, frisch gepresst**
- **Meersalz und frisch gemahlener schwarzer Pfeffer**

ERGIBT 4 PORTIONEN

Süßkartoffeln sind das perfekte Gemüse für Suppen, denn sie ergeben eine weiche, seidige und cremige Textur. Diese Suppe ist vollgepackt mit süßen und salzigen Aromen. Wenn Sie die Suppe jemandem mit Glutenunverträglichkeit servieren wollen, überprüfen Sie die Sojasauce, denn nicht alle Marken sind glutenfrei. Das ist eine einfache Suppe, bei der alles in einem Topf gekocht wird.

Gemüsebrühe in einen Topf gießen, geschälte Süßkartoffeln und die Hälfte des Korianders zugeben. Köcheln lassen, bis die Süßkartoffeln weich sind.

Ahornsirup, Sojasauce und Limettensaft zugießen und mit Salz und Pfeffer nach Geschmack würzen. Restlichen Koriander zugeben und in einem Mixer oder einer Küchenmaschine oder mit einem Stabmixer glatt pürieren.

Suppe auf 4 Schüsseln verteilen, mit ein wenig Koriander garnieren und sofort servieren.

DREI-BOHNEN-SUPPE

- 1 EL Olivenöl
- 1 Zwiebel, gehackt
- 1 Knoblauchzehe, fein gehackt
- 1 gelbe Paprikaschote, entkernt und in kleine Stücke geschnitten
- 1 Karotte, geschält und in kleine Stücke geschnitten
- 1 Zucchini, in kleine Stücke geschnitten
- 400 g schwarze Bohnen aus der Dose, abgegossen und abgespült
- 400 g Cannellini-Bohnen aus der Dose, abgegossen und abgespült
- 400 g rote Kidney-Bohnen in Chilisauce aus der Dose
- 400 g gehackte Tomaten aus der Dose
- 1 EL Tomatenmark
- 250 ml veganer Rotwein
- 1 l Gemüsebrühe
- 1 TL Oregano, getrocknet
- 1 Handvoll frischer Basilikum, gehackt, plus extra zum Servieren
- 100 g Suppennudeln
- Meersalz und frisch gemahlener schwarzer Pfeffer
- Parmesan- oder Cheddarkäse,frisch gerieben, zum Servieren

ERGIBT 6 PORTIONEN

Bohnen sind eine ausgezeichnete Proteinquelle für alle mit veganer Ernährungsweise. Man kann jede Bohnensorte für diese Suppe verwenden. Bohnen aus der Dose sind leicht zu verarbeiten, weil sie schon gekocht sind, aber man kann, wenn man das vorzieht, auch seine eigenen Bohnen vorbereiten, indem man sie über Nacht einweicht und dann nach Packungsanleitung kocht. Die Chilisauce der Kidney-Bohnen ist meist mild; wenn Sie es pikanter mögen, geben Sie etwas Chilipulver oder getrocknete Chiliflocken zu den Bohnen.

Olivenöl in einem großen Topf erwärmen und die Zwiebeln braten, bis sie weich und durchscheinend sind. Gehackten Knoblauch zugeben und goldbraun rösten, danach die gehackte Paprikaschote, Karotten und Zucchini zugeben und einige Minuten weich dünsten.

Schwarze Bohnen und Cannellini-Bohnen mit den Kidney-Bohnen in Chilisauce und gehackten Tomaten, Tomatenmark, Rotwein, Brühe, Oregano und Basilikum zugeben und etwa 30 Minuten köcheln lassen.

Suppennudeln ebenfalls in den Topf geben und nach Packungsanleitung kochen, bis, sie gar sind – meist zwischen 8–10 Minuten. Mit Salz und Pfeffer großzügig würzen.

Mithilfe eines Stabmixers, eines Mixers oder einer Küchenmaschine die Suppe grob pürieren – es sollten Stücke erhalten bleiben und nur ein Teil püriert werden, was die Suppe eindicken lässt. Wenn nötig mit Salz und Pfeffer nachwürzen.

Suppe auf 6 Schalen verteilen, mit frisch geriebenem Parmesan oder Cheddar und etwas gehacktem Basilikum garnieren und servieren.

SPINATSUPPE MIT MUSKATNUSS

- 2 EL Olivenöl
- 1 Zwiebel, fein gehackt
- 160 g Spinat
- 1 l Gemüsebrühe
- 250 g weiße Kartoffeln, geschält und in kleine Würfel geschnitten
- 1 Prise Muskatnuss, gemahlen
- 100 ml plus 1 EL pflanzliche Sahne
- Meersalz und frisch gemahlener schwarzer Pfeffer
- Pangrattato (siehe Seite 48) oder Croûtons, zum Servieren (optional)

ERGIBT 4 PORTIONEN

Spinat und Muskatnuss sind eine köstliche Kombination – der berauschende Duft der Muskatnuss gibt diesem Gericht eine besondere Note. Spinat ist voller Vitamine und ein tolles grünes Gemüse, das guttut. Die Suppe ist schnell zubereitet und ein großartiges Eintopf-Abendessen nach einem harten Arbeitstag.

Öl in einem großen Topf bei mittlerer Hitze erwärmen und gehackte Zwiebeln sautieren, bis sie weich und durchscheinend sind. Spinat, Brühe und Kartoffeln zugeben und etwa 15–20 Minuten köcheln lassen, bis die Kartoffeln weich sind.

Mit Salz, Pfeffer und einer Prise frisch geriebener Muskatnuss würzen. In einem Mixer, einer Küchenmaschine oder mit einem Stabmixer glatt pürieren. Wieder zurück in den Topf gießen, Sahne zugeben und sanft erwärmen.

Wenn gewünscht, mit Pangrattato oder Croûtons garnieren und sofort servieren.

SONNEN-SUPPE

- **2 ganze Maiskolben**
- **2 EL Olivenöl**
- **1 Zwiebel, gehackt**
- **3 gelbe Paprikaschoten, entkernt und in Stücke geschnitten**
- **1 l Gemüsebrühe**
- **Saft von 1 Zitrone, frisch gepresst**
- **Blütenblätter einer Studentenblume oder Kornblume, zum Garnieren**
- **Pangrattato (siehe unten), zum Servieren (optional)**

ERGIBT 4 PORTIONEN

Das ist eine glückliche Suppe – die Farbe ist strahlend gelb, und bestreut mit getrockneten Blütenblättern ist sie ein perfektes Sommergericht. Die Suppe ist zudem leicht und gesund und tut der Seele gut. Wenn Sie die Suppe dicker bevorzugen, fügen Sie zwei Kartoffeln mit der Brühe zu, die Sie, wenn sie weich sind, pürieren. .

Auf einem Schneidebrett mit einem scharfen Messer die Kerne von den Maiskolben schneiden. Diese mit Olivenöl und Zwiebeln in einem Topf bei niedriger Hitze dünsten, bis die Zwiebeln weich und durchscheinend sind. Paprikaschote zugeben und weich dünsten. Brühe und Zitronensaft zugießen und 15–20 Minuten köcheln lassen.

Mit einem Stabmixer, in einem Mixer oder in einer Küchenmaschine pürieren und dann durch ein feines Sieb oder Mulltuch gießen, um die Rückstände der Gemüseschalen zu entfernen, sodass die Suppe glatt wird. Suppe zurück in den Topf gießen und nochmals erwärmen.

Suppe auf 4 Schalen verteilen und mit getrockneten Blütenblättern garnieren. Wenn gewünscht, mit Pangrattato servieren.

PANGRATTATO

- **1 Scheibe trockenes Brot**
- **Olivenöl, zum Beträufeln**
- **Meersalz und frisch gemahlener schwarzer Pfeffer**

ERGIBT ETWA 50 G

Brot in einer Küchenmaschine zu Bröseln reiben. Etwas Olivenöl in einer Pfanne erhitzen und Brösel zugeben. Mit Salz und Pfeffer würzen und knusprig rösten. Dabei ständig umrühren, damit die Brösel nicht anbrennen.

Variationen: *Man kann dieses Rezept abändern, indem man eine Knoblauchzehe oder Zitronenabrieb in den Mixer gibt, bevor man das Brot zu Bröseln reibt.*

KARTOFFEL-MISO-SUPPE

- 1½ EL Pflanzen- oder Sonnenblumenöl
- 1 Lauch, gewaschen und dünn geschnitten
- 700 g mehlige Kartoffeln, geschält und gewürfelt
- 1 EL Amontillado-Sherry (Etikette überprüfen, ob er vegan ist; optional)
- 1 gehäufter EL braune Misopaste
- 1 l Gemüsebrühe
- 1 TL Sojasauce
- 200 g braune Champignons mit geschlossenen Kappen, in dicke Scheiben geschnitten
- 1 EL Schnittlauch, in Röllchen geschnitten
- Meersalz und frisch gemahlener schwarzer Pfeffer

ERGIBT 4 PORTIONEN

Japanische Misopaste verleiht dieser groben Suppe Umami-Reichhaltigkeit. Servieren Sie sie als geschmackvolle Vorspeise oder genießen Sie sie als leichtes Mittagessen.

½ EL Öl in einem großen Topf bei mittlerer Hitze erwärmen. Champignons leicht braun anbraten, dann aus der Pfanne nehmen und beiseitestellen.

Restliches Öl in die Pfanne gießen, Lauch zugeben und weich dünsten. Kartoffeln zugeben und gut verrühren. Wenn gewünscht, Sherry zugießen und 1–2 Minuten kochen. Misopaste einrühren.

Brühe und Sojasauce zugießen. Zum Kochen bringen, zudecken und 20 Minuten köcheln lassen, bis die Kartoffeln weich sind. Kosten und bei Bedarf mit Salz und frisch gemahlenem schwarzen Pfeffer nachwürzen.

Die Hälfte der Suppe mit einem Stabmixer, in einem Mixer oder einer Küchenmaschine glatt pürieren und zurück in den Topf zur restlichen Suppe gießen. Sanft köchelnd alles erhitzen.

Gebratene Champignons in die Suppe geben. Mit Schnittlauch garnieren und sofort servieren.

MASSAMAN-SUPPE

- 1 EL Olivenöl
- 1 Zwiebel, fein gehackt
- 1 Knoblauchzehe, fein gehackt
- 1 EL Massaman-Currypaste
- 450 g Kartoffeln, geschält und in 2,5 cm große Würfel geschnitten
- 2 EL Erdnussbutter
- 200 ml Kokosmilch
- 600 ml Gemüsebrühe
- Saft von 1–2 Limetten, nach Geschmack, frisch gepresst
- 1 EL reiner Ahornsirup
- Meersalz und frisch gemahlener schwarzer Pfeffer

ZUM SERVIEREN

- Gesalzene Erdnüsse, fein gehackt
- Rote Chilischotenringe

ERGIBT 4 PORTIONEN

Massaman-Curry ist eine thailändische Köstlichkeit – ein mildes Curry, aber vollgepackt mit Erdnüssen und Kartoffeln und reichhaltig durch Kokosmilch. Traditionell wird Massaman-Curry mit Rindfleisch zubereitet, doch diese vegane Version schmeckt noch besser.

Olivenöl in einem Topf bei niedriger Hitze erwärmen und die Zwiebeln darin dünsten, bis sie weich und durchscheinend sind und zu karamellisieren beginnen. Knoblauch zugeben und einige Minuten weiterbraten, dabei darauf achtgeben, dass er nicht verbrennt. Massaman-Paste zugeben und weitere 1–2 Minuten kochen.

Kartoffeln, Erdnussbutter, Kokosmilch und Brühe zugeben und köcheln lassen, bis die Kartoffeln sehr weich sind. Sie werden zerfallen und die Suppe wird dadurch eingedickt.

Limettensaft und Ahornsirup zugeben und mit Salz und Pfeffer würzen. Man kann die Suppe zwar auch pürieren, aber die Kartoffelstücke verleihen der Suppe Struktur.

Suppe auf Schalen verteilen und mit gehackten Erdnüssen, Chiliringen und etwas schwarzem Pfeffer garnieren und servieren.

KARIBISCHE SÜSSKARTOFFEL-KOKOS-SUPPE

- 2 EL Olivenöl
- 1 Zwiebel, fein gehackt
- 2 Knoblauchzehen, fein gehackt
- 1 TL Jerk-Paste
- 1 EL Tomatenmark
- 600–700 g Süßkartoffeln, geschält und in Stücke geschnitten
- 700 ml Gemüsebrühe
- 400 ml Kokosmilch aus der Dose
- Meersalz und frisch gemahlener schwarzer Pfeffer
- Geröstete Kokosstreifen, zum Servieren

ERGIBT 4–6 PORTIONEN

Jerk-Paste hat ein ganz erstaunlich feuriges Aroma. Sie ist vielseitig und man kann damit alles würzen. Da sie sehr pikant ist, muss man darauf achtgeben, nicht zu viel zu nehmen, sonst wird die Suppe zu scharf..

Olivenöl in einem Topf bei niedriger Hitze erwärmen und Zwiebeln darin dünsten, bis sie weich und durchscheinend sind. Knoblauch zugeben und einige Minuten goldbraun braten. Jerk-Paste zugeben und weiterbraten, damit sich die Aromen verbinden. Die Menge hängt davon ab, wie viel Schärfe man in seinem Essen haben möchte. Jerk-Paste ist sehr scharf, also muss man darauf achtgeben, nicht zu viel zu verwenden, außer man mag sehr scharfe Gerichte.

Tomatenmark und Süßkartoffeln zugeben und ein paar Minuten weiterbraten, dann Fond und Kokosmilch zugeben und etwa 20–30 Minuten köcheln lassen, bis die Süßkartoffeln weich sind.

Suppe mithilfe eines Mixer, einer Küchenmaschine oder eines Stabmixers pürieren. Mit Salz und Pfeffer nach Geschmack würzen. Heiß mit gerösteten Kokosraspeln und etwas schwarzem Pfeffer servieren.

CREMIGE BLUMENKOHL-SUPPE

- 2 EL extra-natives Olivenöl
- 4 Knoblauchzehen, zerdrückt
- 1 Zwiebel, gehackt
- 1 Blumenkohl, in Röschen zerpflückt
- 1 Kartoffel, geschält und gehackt
- 500 ml Gemüsebrühe
- 250 ml pflanzliche Milch, ungesüßt
- 4 EL Nährhefe (oder nach Geschmack)
- Meersalz und frisch gemahlener schwarzer Pfeffer

ZUM ABSCHLUSS

- 1 EL Hafercreme oder vegane Sahne
- 1 Handvoll Schnittlauchröllchen
- 1 Handvoll Erbsensprossen
- Grüne Pfefferkörner, zerdrückt

ERGIBT 4 PORTIONEN

Veganer Himmel in einer Schüssel! Diese traumhafte, pflanzenbasierte Suppe enthält Nährhefe, die ihr ganz ohne Milchprodukte ein köstlich geschmackvolles, käsiges Aroma verleiht.

Olivenöl in einem Topf erhitzen, Knoblauch und Zwiebeln darin bei mittlerer Hitze goldbraun rösten. Blumenkohl, Kartoffel, Fond und Milch zugeben und zum Kochen bringen. Bei mittlerer Hitze etwa 15–20 Minuten köcheln, bis der Blumenkohl weich ist.

Nährhefe und etwas Salz und Pfeffer zugeben und mit einem Stabmixer glatt pürieren.

Mit einem Spritzer Hafercreme, Schnittlauchröllchen, frischen Erbsensprossen und zerdrückten grünen Pfefferkörnern servieren.

Foto siehe nächste Seite

DAN-DAN-BLUMENKOHL-SUPPE

- 400 g Reisnudeln
- 300 g Blumenkohl, in Röschen zerpflückt
- 1 Karotte, geschält und mit einem Gemüseschäler diagonal in dünne Scheiben gehobelt
- 2 Zucchini, in Spiralen geschnitten
- 100 g Edamamebohnen, tiefgefroren

GEMÜSEFOND

- 1 l Gemüsebrühe guter Qualität
- 3 Knoblauchzehen, zerdrückt
- 4 cm großes Stück frischer Ingwer, gerieben
- 3 TL Palmzucker/unraffinierter Rohrzucker

FOND-SAUCE

- 3 EL leichte Sojasauce
- 2 EL Tahini
- 4 EL schwarzer Essig (kein Balsamico)
- 2 TL dunkle Sojasauce
- 1 TL Kecap Manis
- 1 TL Chilschoten/Chiliöl, plus extra zum Garnieren
- 2 TL Sesamöl

ZUM GARNIEREN

- Frühlingszwiebeln, klein geschnitten
- Frischer Koriander
- Geröstete Sesamkörner

ERGIBT 4 PORTIONEN

Diese Dan-Dan-Suppe ist eine Aromenexplosion. Sie ist auch ein sehr gesundes Gericht, das Sie innerhalb kürzester Zeit auf den Tisch stellen können, begleitet von saisonalem Gemüse.

Alle Zutaten für den Fond in einen großen Topf geben und zum Kochen bringen. In der Zwischenzeit die Zutaten für die Fond-Sauce in einer kleinen Schüssel vermengen.

Wenn der Fond zu kochen beginnt, die Reisnudeln einlegen und 1 Minute später Blumenkohl und Karotten zugeben. Nach einer weiteren Minute den Topf vom Herd nehmen und das restliche Gemüse und die Fond-Sauce zugeben. Gut verrühren und bei Bedarf mit Fond-Sauce nachwürzen.

Nudeln und Gemüse auf 4 Schalen verteilen. Suppe mit einem Schöpfer über das Gemüse und die Nudeln gießen und mit geschnittenen Frühlingszwiebeln, Korianderblättern und gerösteten Sesamkörnern garnieren – plus einigen extra Chilis, wenn man die Schärfe verträgt!

CURRYS & EINTÖPFE

GRÜNES THAI-CURRY

- 2 EL Kokosfett
- 2 EL grüne Currypaste (Etikette überprüfen, ob sie vegan ist)
- 1 rote Zwiebel, in Ringe geschnitten
- 4 Knoblauchzehen, zerdrückt
- 200 g Blumenkohl mit zartem Strunk oder Röschen
- 1 rote Paprikaschote, entkernt und in dünne Streifen geschnitten
- 2 violette oder normale Karotten, geschält und diagonal in Stücke geschnitten
- 2 Baby-Pak-Choi, halbiert
- 100 g Kaiserschoten/Zuckererbsen
- 1 EL Palmzucker/unraffinierter Rohrzucker
- 1 EL flüssiges Sojaprotein (oder Tamari-Sauce)
- 400 ml Kokosmilch aus der Dose
- 3 Kaffir-Limettenblätter
- Saft von 1 Limette, frisch gepresst
- Meersalz und frisch gemahlener schwarzer Pfeffer

ZUM SERVIEREN

- 1 Bund violettes Thai-Basilikum
- Sambal Oelek (optional)
- Gekochter Reis
- Limettenspalten

ERGIBT 4 PORTIONEN

Aromatisch, cremig, frisch und pikant, so wie ein Thai-Curry sein sollte. Die Zugabe von flüssigem Sojaprotein statt der traditionellen Fischsauce bringt zusätzliche Geschmackstiefe und extra Umami.

Die Hälfte des Kokosfetts in einer großen Pfanne oder einem Wok bei mittlerer Hitze erwärmen; dabei achtgeben, es spritzt.

Currypaste zugeben, ins Kokosfett einrühren und etwa 1 Minute anbraten. Hitze reduzieren, Zwiebeln zugeben und etwa 8 Minuten dünsten, bis sie leicht durchscheinend sind.

Knoblauch einrühren, dann die zweite Hälfte des Kokosfetts sowie Blumenkohl, Paprikaschoten, Karotten, Pak Choi und Kaiserschoten zugeben. Palmzucker, flüssiges Sojaprotein (oder Tamari-Sauce) und etwas Salz und Pfeffer zugeben und alles gut vermengen. Hitze reduzieren und unter gelegentlichem Rühren etwa 10–15 Minuten kochen, bis die Karotten zart, aber noch bissfest sind.

Kokosmilch und Kaffir-Limettenblätter zugeben und weitere 5 Minuten köcheln lassen, dann Limettensaft unterrühren und vom Herd nehmen.

Violettes Thai-Basilikum zugeben und wenn verwendet, Sambal Oelek einrühren. Mit Reis und Limettenspalten servieren.

ROTER LINSEN-DAL

- **Olivenöl oder Kokosfett, zum Braten**
- **2 Zwiebeln, in feine Ringe geschnitten**
- **3 Knoblauchzehen, fein gehackt**
- **2,5 cm großes Stück frischer Ingwer, gerieben**
- **2 TL Kreuzkümmel, gemahlen**
- **1 TL Kurkuma, gemahlen**
- **1 TL Koriander, gemahlen**
- **½ TL Garam masala**
- **¼ TL Cayenne-Pfeffer**
- **400 g gehackte Tomaten aus der Dose**
- **270 g getrocknete rote Linsen**
- **2 Karotten, klein gewürfelt**
- **120 g Grünkohl, geschnitten**
- **Meersalz und frisch gemahlener schwarzer Pfeffer, nach Geschmack**

ZUM SERVIEREN

- **Gedämpfter Reis**
- **1 Prise getrocknete Chiliflocken**
- **Frischer Koriander, gehackt**
- **Kokos-Sahne**

ERGIBT 4–6 PORTIONEN

Das ist eine köstliche Kombination von Linsen, gehackten Tomaten und einer Menge Gewürzen aus Ihrem Arsenal – ein tröstlicher Eintopf, den man schnell an einem kalten Nachmittag oder Abend zaubern kann, wenn man das Haus auf keinem Fall verlassen will.

Genug Öl, um den Boden einer großen Pfanne in einer dünnen Schicht zu bedecken, bei mittlerer Hitze erwärmen. Zwiebeln zugeben, nach Geschmack mit Salz würzen und etwa 10–12 Minuten unter gelegentlichem Rühren rösten, bis sie zu karamellisieren beginnen. Einen Spritzer Wasser zugießen, sollte die Pfanne zu trocken werden.

Knoblauch und Ingwer zugeben und 1 Minute weiterbraten. Die Gewürze einrühren und nochmals 1 Minute weiterbraten. Tomaten zugeben und zum Kochen bringen, dann 950 ml Wasser und Linsen zugeben. Deckel auflegen und zum Kochen bringen.

Karotten zugeben, wieder zudecken und etwa 20–30 Minuten köcheln lassen, bis die Linsen zu zerfallen beginnen und die Karotten weich sind. Ein wenig schwarzen Pfeffer und Grünkohl einrühren.

Herd abschalten, Pfanne zugedeckt 15 Minuten darauf stehen lassen und danach mit Chiliflocken, Koriander und einem Spritzer Kokos-Sahne garnieren und servieren.

KICHERERBSEN-„TIKKA"-MASALA

- Kokosfett, zum Braten
- 1 Zwiebel, klein gewürfelt
- 1 gelbe Paprikaschote entkernt und fein gehackt
- 2 Knoblauchzehen, fein gehackt
- 2 TL Garam masala
- 1 TL Kreuzkümmel, gemahlen
- ½ TL Kurkuma, gemahlen
- 2 Karotten, geschält und fein gehackt
- 800 g Kichererbsen aus der Dose, abgegossen und abgespült
- 800 g fein gehackte Tomaten mit Saft oder zerdrückte Tomaten aus der Dose
- 400 g Kokosmilch aus der Dose (vorzugsweise vollfett)
- ¼ TL Cayenne-Pfeffer (optional)
- Meersalz, nach Geschmack

ZUM SERVIEREN (OPTIONAL)

- Gekochter brauner Reis oder Quinoa
- Vegane Naan-Brote
- Frischer Koriander, gehackt
- Chilischoten, gehackt

ERGIBT 6 PORTIONEN

Das indische Grundnahrungsmittel zum Mitnehmen erhält eine vegane Auffrischungskur mit Kichererbsen in üppiger Tomatensauce. Serviert mit lockerem Reis, Chilis, frischen Kräutern und veganen Naan-Broten wird es zum einfachen und befriedigenden Festessen.

Genug Kokosfett, um den Boden eines großen Topfes großzügig zu bedecken, bei mittlerer Hitze erwärmen.

Zwiebel zugeben und mit Salz und Pfeffer würzen. Etwa 10 Minuten unter ständigem Rühren rösten.

Knoblauch zugeben und 1 Minute mitrösten. Garam masala, Kreuzkümmel und Kurkuma zugeben und noch 30 Sekunden braten, bis es duftet.

Karotten, Kichererbsen und Tomaten zugeben, zum Kochen bringen, dann Hitze reduzieren, Deckel auflegen und etwa 15–20 Minuten köcheln lassen.

Kokosmilch einrühren und weitere 5 Minuten köcheln lassen und dann vom Herd nehmen. Wenn gewünscht, Cayenne-Pfeffer, einrühren und Curry mindestens 15 Minuten zugedeckt ruhen lassen, damit sich die Aromen verbinden.

Mit veganen Naan-Broten über braunem Reis oder Quinoa servieren, wenn gewünscht mit frischen Kräutern und Chili garnieren.

TOMATEN-CURRY

Schnell und leicht zuzubereiten, serviert mit Basmati-Reis und indischem Chapati oder Roti, ist dieses geschmackvolle Gericht ideal für ein schnelles Abendessen unter der Woche nach einem schweren Tag im Büro.

- 1 EL Pflanzenöl
- 6-8 Curry-Blätter
- 1 TL Kreuzkümmelsamen
- ½ TL Kurkuma, gemahlen
- 400 g Tomaten, jede Tomate in acht Stücke geschnitten
- 2 TL Koriander, gemahlen
- ½ TL Chilipulver
- 1 TL dunkelbrauner Zucker
- Meersalz und frisch gemahlener schwarzer Pfeffer
- Frischer Koriander, zum Garnieren

ERGIBT 4 PORTIONEN

Öl in einer großen Pfanne mit schwerem Boden erhitzen. Curry-Blätter, Kreuzkümmelsamen und gemahlenen Kurkuma zugeben und unter Rühren 1 Minute braten, bis es stark duftet.

Geschnittene Tomaten gut unterrühren. Mit gemahlenem Koriander, Chilipulver und Zucker bestreuen und verrühren. Mit Salz und Pfeffer würzen.

Unter häufigem Rühren weitere 3–5 Minuten kochen, bis die Tomaten gut erhitzt sind, aber ihre Form behalten.

Mit frischem Koriander garnieren und sofort servieren.

TARKA-TOMATEN-DAL

Tomaten lassen sich gut mit Hülsenfrüchten kombinieren; sie haben einen belebenden Effekt. Hier ein klassisches Beispiel für indisches Comfort-Food.

- 200 g rote Linsen
- 300 g Tomaten
- 1 EL Sonnenblumenöl
- 1 Zwiebel, geschält und gehackt
- 3 Knoblauchzehen, geschält und gehackt
- 5 cm großes Stück frischer Ingwer, geschält und gehackt
- 1 Handvoll Curry-Blätter
- 1 EL Tomatenmark
- ½ TL Kurkuma, gemahlen
- ½ TL Chilipulver
- 1 Prise Meersalz
- 1 TL brauner Zucker

TARKA (OPTIONAL)

- 1 EL Sonnenblumenöl
- 1 Knoblauchzehe, geschält und gehackt
- 2 TL Kreuzkümmelsamen

ERGIBT 4 PORTIONEN

Linsen unter fließendem kalten Wasser abspülen und in eine große Schüssel geben. Mit kaltem Wasser bedecken und 30 Minuten einweichen.

Tomaten in einer hitzebeständigen Schüssel mit kochendem Wasser übergießen. 1 Minute beiseitestellen, dann abgießen und die Haut mit einem scharfen Messer abziehen und Tomaten grob hacken, dabei den Saft auffangen, und beiseitestellen.

Öl in einem Bräter oder Topf mit schwerem Boden bei mittlerer Hitze erwärmen. Zwiebeln, Knoblauch und Ingwer 2–3 Minuten anbraten, bis sie weich sind und duften, dabei häufig umrühren. Gehackte Tomaten, Curry-Blätter, Tomatenmark, Kurkuma und Chilipulver unterrühren.

Linsen abgießen und mit 300 ml Wasser in den Topf geben. Mit Salz würzen und Zucker einrühren. Zum Kochen bringen, teilweise zudecken, Hitze reduzieren und 20–30 Minuten unter häufigem Rühren köcheln lassen, bis die Linsen weich sind und sie das Wasser aufgesogen haben.

Sobald die Linsen gar sind, wenn gewünscht Tarka zubereiten. Öl in einer kleinen Pfanne bei mittlerer Hitze erwärmen. Knoblauch zugeben und goldbraun rösten. Kreuzkümmel zugeben und rösten, bis er duftet. Heißes Tarka über das Dal gießen und servieren.

LAKSA MIT BLUMENKOHL

- **1 EL Pflanzenöl**
- **4 EL vegane Laksa-Paste**
- **1 l Gemüsebrühe**
- **1 EL Sojasauce**
- **1 EL Palmzucker/unraffinierter Rohrzucker**
- **400 ml Kokosmilch aus der Dose**
- **200 g Blumenkohl, in Röschen zerpflückt oder Mini-Blumenkohl**
- **80 g Mini-Zucchini**
- **100 g Spargelspitzen**
- **Saft von 1–2 Limetten, frisch gepresst**
- **200 g Reisnudeln/Soba-Nudeln**

ALS ABSCHLUSS

- **50 g Bohnensprossen**
- **3 Frühlingszwiebeln, diagonal geschnitten**
- **10 g Koriander, Blätter abgezupft**
- **1 rote Chilischote, diagonal geschnitten**
- **Knuspriger Tofu (entweder Reste oder siehe Rezept rechts)**
- **Limettenspalten**
- **Chilischoten/Chilisauce**

ERGIBT 4 PORTIONEN

Laksa, die traditionelle Kokos-Nudelsuppe aus Malaysien, muss man zumindest einmal im Leben probiert haben! Sie ist reichhaltig, duftend, leicht pikant und voller Gemüse.

Wok bei starker Hitze erwärmen und Öl zugießen, schwenken, um das Öl zu verteilen. Laksa-Paste 3 Minuten darin verrühren, bis sie duftet.

Brühe, Sojasauce und Palmzucker zugeben und zum Kochen bringen. Auf mittlere Hitze reduzieren, Kokosmilch zugeben und 5 Minuten köcheln lassen. Blumenkohl, Mini-Zucchini und Spargelspitzen zugeben und 2 Minuten kochen. Vom Herd nehmen und nach Geschmack Limettensaft einrühren.

In der Zwischenzeit Nudeln in einer hitzebeständigen Schüssel mit kochendem Wasser bedecken und 5 Minuten quellen lassen, bis sie weich sind. Abgießen, auf vier Schalen verteilen und mit der Kokos-Mischung übergießen.

Mit Bohnensprossen, Frühlingszwiebeln, Koriander, Chili, knusprigem Tofu, wenn verwendet, Limettenspalten und einem extra Spritzer Chilisauce servieren.

KNUSPRIGER TOFU

- **200 g fester Tofu, abgegossen**
- **1 EL Maismehl/Maisstärke**
- **Meersalz**
- **2 EL Pflanzenöl, zum Braten**

ERGIBT 2–4 PORTIONEN

Einen Teller mit gefaltetem Küchenpapier auslegen und Tofu daraufgeben. Einen kleinen Teller auf den Tofu legen und etwas Schweres auf den Teller geben. Danach Tofu mit Küchenpapier trocken tupfen, in Würfel schneiden, mit Salz würzen und gleichmäßig mit Maismehl/Maisstärke überziehen. Öl in einer Pfanne erhitzen und Tofu in einer einzelnen Schicht einlegen, wobei er zischen sollte, wenn er mit dem Öl in Kontakt kommt – wenn nicht, einige Minuten warten, bis das Öl heißer ist. Zuerst wird der Tofu an der Pfanne kleben, man muss also warten, bis er sich löst, bevor man die andere Seite bräunt. Braten, bis alle Seiten braun und knusprig sind. Zum Auskühlen auf ein Gitter legen. Tofu bleibt nur ein paar Stunden knusprig.

CHAMPIGNON-SPINAT-KOKOS-CURRY

Wenn man nach einem langen, arbeitsreichen Tag nach Hause kommt und etwas Schnelles, aber Geschmackvolles zum Abendessen haben will, dann ist dieses milde, aromatische Curry genau richtig! Weder Champignons noch Spinat müssen lange gekocht werden, also ist es wunderbar schnell zubereitet. Mit duftendem Basmati-Reis, Naan- oder Paratha-Fladenbrot bringt es tropisches Flair auf den Tisch.

- **1 EL Sonnenblumenöl**
- **1 TL Senfkörner**
- **1 Zwiebel, fein gehackt**
- **2,5 cm großes Stück frischer Ingwer, fein gehackt**
- **2 Knoblauchzehen, gehackt**
- **½ Zimtstange**
- **4 Kardamomkapseln**
- **2 TL Koriander, gemahlen**
- **2 TL Kreuzkümmel, gemahlen**
- **½ TL Kurkuma, gemahlen**
- **¼ TL Chilipulver**
- **400 ml Kokosmilch aus der Dose**
- **400 g weiße Champignons, halbiert**
- **250 g frischer Spinat**
- **Meersalz und frisch gemahlener schwarzer Pfeffer**
- **Gekochter Basmati-Reis, zum Servieren**

ERGIBT 4 PORTIONEN

Öl in einem Schmortopf oder einem großen Topf mit schwerem Boden bei mittlerer Hitze erwärmen. Senfkörner zugeben und kurz anbraten, bis sie beginnen aufzuspringen. Zwiebeln, Ingwer, Knoblauch, Zimtstange und Kardamomkapseln zugeben und unter häufigem Rühren 5 Minuten sanft braten, bis die Zwiebeln weich sind und die Mischung duftet.

In der Zwischenzeit Koriander, Kreuzkümmel, Kurkuma und Chilipulver mit 2–3 EL Wasser zu einer Gewürzpaste verrühren.

Gewürzpaste zur Zwiebelmischung geben und unter Rühren 1 Minute braten. Kokosmilch zugeben, unter Rühren zum Kochen bringen. Champignons zugeben und 5 Minuten köcheln lassen. Spinat unterrühren und zusammenfallen lassen. Mit Salz und Pfeffer würzen und sofort mit Reis servieren.

CHAMPIGNON-BOHNEN-CHILI

- 1 EL Olivenöl
- 1 Zwiebel, gehackt
- 1 Knoblauchzehe, gehackt
- 1 Selleriestange, gehackt
- 1/2 rote Paprikaschote, fein gehackt
- 150 g Wiesenchampignons, fein gehackt
- 1 TL Kreuzkümmel, gemahlen
- 1 Prise getrockneter Oregano
- 1/2 TL geräuchertes Paprikapulver
- 400 g gehackte Tomaten aus der Dose
- 1 TL Chipotle-Paste
- 1 Prise Zucker
- 400 g Kidney-Bohnen aus der Dose, abgegossen und abgespült
- 200 g weiße Champignons, halbiert, wenn sie groß sind
- Meersalz und frisch gemahlener schwarzer Pfeffer

ZUM SERVIEREN

- Frischer Koriander, gehackt
- Kokos- oder Soja-Joghurt
- Veganer Käse, gerieben

ERGIBT 4 PORTIONEN

Diese pikante vegane Variante des klassischen Chili con carne ist einfach und schnell zuzubereiten. Man kann es praktischerweise auch am Vortag machen und im Kühlschrank bis zur Verwendung aufbewahren. Es schmeckt besonders gut mit einem herben Kokos- oder Soja-Joghurt – ein guter Kontrast zu dem tomatenbasierten Gericht.

Öl in einem Schmortopf oder einem großen Topf mit schwerem Boden bei mittlerer Hitze erwärmen. Zwiebeln, Knoblauch, Sellerie und rote Paprikaschote zugeben und unter Rühren 5 Minuten weich dünsten. Wiesenchampignons, Kreuzkümmel, Oregano und geräuchertes Paprikapulver zugeben und unter ständigem Rühren 5 Minuten braten.

Gehackte Tomaten, 200 ml Wasser, Chipotle-Paste und Zucker zugeben. Mit Salz und Pfeffer würzen und gut umrühren. Zum Kochen bringen, dann Kidney-Bohnen und weiße Champignons einrühren.

Auf mittlere Hitze reduzieren und ohne Deckel 15 Minuten köcheln lassen, dabei gelegentlich umrühren. Auf Schüsseln verteilen und mit gehacktem Koriander garnieren. Mit Joghurt und nach Wunsch mit geriebenem veganem Käse servieren.

AUBERGINEN-TAJINE MIT KORIANDER & MINZE

- **2 EL Olivenöl**
- **1 Zwiebel, fein gehackt**
- **2–3 Knoblauchzehen, fein gehackt**
- **2 rote Chilischoten, entkernt und fein gehackt**
- **2 TL Koriandersamen**
- **2 TL Kreuzkümmelsamen**
- **2 TL Zucker**
- **1–2 TL Bockshornklee, gemahlen**
- **8 Baby-Auberginen, mit intaktem Blütenstiel**
- **800 g gehackte Tomaten aus der Dose**
- **1 Bund frische Minze, grob gehackt**
- **1 Bund frischer Koriander, grob gehackt**
- **Meersalz und frisch gemahlener schwarzer Pfeffer**

ERGIBT 4 PORTIONEN

Die geschmackvollen Baby-Auberginen findet man oft in orientalischen, nordafrikanischen oder asiatischen Geschäften. Wenn Sie sie jedoch nicht bekommen sollten, verwenden Sie geviertelte, schlanke Auberginen. Servieren Sie dieses Gericht pur oder mit einem Kräuter-Couscous.

Öl in einer Tajine oder einem Topf mit schwerem Boden erhitzen. Zwiebeln, Knoblauch, Chilis, Koriander- und Kreuzkümmelsamen und Zucker zugeben und 2–3 Minuten sautieren, bis die Zwiebeln Farbe nehmen.

Bockshornklee und Auberginen zugeben, diese in der Zwiebel-Gewürzmischung rollen. Tomaten zugeben, zum Kochen bringen, Deckel der Tajine aufsetzen und bei niedriger Hitze etwa 40 Minuten köcheln lassen, bis die Auberginen ganz zart sind.

Tajine mit Salz und Pfeffer würzen und den Großteil der Minze und des Korianders unterrühren. Deckel wieder aufsetzen und bei mittlerer Hitze weitere 5 Minuten kochen. Mit den restlichen Kräutern garnieren und heiß servieren.

KARTOFFEL-FENCHEL-TAJINE MIT SUMACH & BALSAMICO-ESSIG

- **2 EL Olivenöl**
- **2 Zwiebeln, längs halbiert und in Ringe geschnitten**
- **2 Fenchelknollen, zugeputzt und in dünne Scheiben geschnitten (Grün zum Garnieren beiseitegeben)**
- **4–6 Knoblauchzehen, mit der Schale zerdrückt**
- **500 g neue Kartoffeln, ungeschält, 5 Minuten vorgekocht und dann in Scheiben geschnitten, (oder Kartoffelreste verwenden)**
- **2–3 EL Balsamico-Essig**
- **1–2 TL Sumach**
- **1 kleiner Bund glatte Petersilie, grob gehackt**
- **Meersalz und frisch gemahlener schwarzer Pfeffer**

ERGIBT 4 PORTIONEN

Eine Tajine ist das ultimative Eintopfgericht, voller Zwiebeln, Knoblauch und Kräutern oder Gewürzen, und ist sehr vielseitig, was die übrigen Zutaten betrifft. Diese Tajine mit gerösteten Kartoffeln schmeckt köstlich mit frischem Tomatensalat oder einem herben Salat mit auf Obstbasis.

Backofen auf 200 °C vorheizen.

Öl in einer Tajine oder einem Topf mit schwerem Boden erhitzen. Zwiebeln zugeben und 3–4 Minuten sautieren, bis die Zwiebeln weich sind und Farbe nehmen. Fenchel und Knoblauch unterrühren und weitere 2–3 Minuten dünsten. Kartoffeln unterrühren und mit Salz und Pfeffer würzen.

Tajine ohne Deckel in den vorgeheizten Ofen geben und 35–40 Minuten backen, bis die Kartoffeln goldbraun geröstet sind.

Balsamico-Essig unterrühren und mit Sumach, Petersilie und Fenchelgrün garnieren und servieren.

BABY-ZUCCHINI-EINTOPF

MIT ZUCCHINIBLÜTEN & SALZZITRONEN

- **2 EL Oliven-oder Arganöl**
- **2 TL Koriandersamen**
- **2 Knoblauchzehen, fein gehackt**
- **1 Zwiebel, fein gehackt**
- **12 Baby-Zucchini, im Ganzen, zugeputzt**
- **1 Salzzitrone (siehe unten), fein geschnitten**
- **Saft von 2 Zitronen, frisch gepresst**
- **4-8 Zucchiniblüten, im Ganzen, zugeputzt**
- **1 EL Orangenblütenwasser**
- **Meersalz und frisch gemahlener schwarzer Pfeffer**
- **Einige Minzeblätter, fein gehackt, zum Garnieren**

ERGIBT 4 PORTIONEN

Ein einzigartiges Gericht für den Frühling oder Frühsommer – es besteht aus Baby-Zucchini und deren schönen, strahlend gelben Blüten. Es ist leicht, schmeckt nach Zitrone und kann als Vorspeise, als Salat oder mit etwas frischem, knusprigem Brot zum Tunken serviert werden.

Öl in einer Tajine oder einem Topf mit schwerem Boden erhitzen. Koriandersamen, Knoblauch und Zwiebeln zugeben und 1–2 Minuten sautieren. Baby-Zucchini zugeben und mit der Zwiebel-Knoblauch-Mischung überziehen, dann Salzzitrone und Zitronensaft zugeben. Deckel auf die Tajine setzen und sanft 10–15 Minuten köcheln lassen, bis die Zucchini zart, aber noch bissfest sind.

Tajine mit Salz und Pfeffer würzen, Zucchiniblüten und einen Spritzer Orangenblütenwasser zugeben. Deckel wieder aufsetzen und 4–5 Minuten sanft köcheln lassen, bis die Blüten im Dampf zusammengefallen sind. Mit Minzeblättern garnieren und heiß oder bei Raumtemperatur servieren.

SALZZITRONEN

- **10 Biozitronen, ungewachst, plus Saft von 3–4 Zitronen**
- **Etwa 10 EL Meersalz**
- **1 großes, sterilisiertes Glas**

ERGIBT 1 GROSSES GLAS

Zitronen waschen und trocknen und ein Ende jeder Zitrone abschneiden. Zitronen mit dem abgeflachten Ende aufstellen und zwei vertikale Schnitte bis auf zwei Drittel der Zitrone einschneiden, als wolle man sie vierteln, aber nicht ganz durchschneiden. 1 EL Salz in jede Zitrone geben und in das vorbereitete Glas schichten. Glas mit den Zitronen 3–4 Tage an einem kühlen Ort stehen lassen, bis die Schalen weich werden.

Danach die Zitronen in das Glas hineinpressen, sodass sie noch dichter geschichtet sind. Salzzitronen mit Zitronensaft übergießen, sodass diese vollständig bedeckt damit sind. Glas luftdicht verschließen und an einem kühlen Ort mindestens 1 Monat stehen lassen.

Bei Verwendung Salzzitronen abspülen und trocken tupfen. Mit einem kleinen, scharfen Messer Zitronen der Länge nach vierteln und Fruchtfleisch und Fasern entfernen, sodass nur die Schale übrig bleibt. Diese je nach Rezept fein schneiden.

GRIECHISCHER GEMÜSE-EINTOPF
MIT ZITRONEN & OLIVEN

- 2 EL Olivenöl
- 1 Zwiebel, gehackt
- 500 g kleine neue Kartoffeln (rot, wenn erhältlich), gewürfelt
- 350 g Zucchini, halbiert und längs geviertelt, dann dick geschnitten
- 3 Knoblauchzehen, in Scheiben geschnitten
- 1/4 TL Paprikapulver
- 1/4 TL Cayenne-Pfeffer
- 800 g gehackte Tomaten aus der Dose
- 1 kleiner Bund glatte Petersilie, nur Blätter, fein gehackt
- 1 kleiner Bund Dill, fein gehackt
- 250 g dünne grüne Bohnen (Prinzessbohnen), halbiert
- 100 g gespaltene grüne Oliven, entkernt
- Saft von 1/2 Zitrone, frisch gepresst
- Meersalz und frisch gemahlener schwarzer Pfeffer
- Pita-Brot, zum Servieren

ERGIBT 4–6 PORTIONEN

Man kann jede Sorte von Oliven verwenden, aber die besten sind mit ganzen Koriandersamen marinierte, wenn Sie welche finden. Das ist ein sommerlicher Eintopf, man isst ihn am besten lauwarm oder bei Raumtemperatur. Mit römischem Salat mit Olivenöl-Zitronen-Dressing und Pita-Brot servieren.

Öl in einem großen Topf erhitzen, Zwiebeln zugeben und bei niedriger Hitze 3–5 Minuten weich dünsten. Kartoffeln, Zucchini, Knoblauch, Paprikapulver, Cayenne-Pfeffer und 1 Prise Salz zugeben und 1 Minute braten, dabei umrühren, um alles mit Öl zu überziehen.

Tomaten, Petersilie und die Hälfte der Dill unterrühren und etwas Wasser zugießen, um die Mischung zu verdünnen – etwa 125 ml sollten genügen. Großzügig mit Salz und Pfeffer würzen und zugedeckt 30 Minuten köcheln lassen.

Grüne Bohnen zugeben und etwa weitere 20 Minuten köcheln lassen, bis die Bohnen gar sind. Oliven, Zitronensaft und restlichen Dill unterrühren. Nach Geschmack nachwürzen. Bei Raumtemperatur mit einem einfachen Salat und viel Pita-Brot servieren.

BOHNEN & LINSEN

KARTOFFEL-LINSENSALAT MIT HARISSA

- 100 g Puy- oder braune Linsen
- 2 EL extra natives Olivenöl
- 1 TL Zitronensaft frisch gepresst
- 400 g festkochende Kartoffeln, geschält und klein gewürfelt
- 1 rote Zwiebel, fein gehackt
- 1–2 TL Harissa-Paste
- Meersalz und frisch gemahlener schwarzer Pfeffer
- Sonnenblumenöl, zum Braten
- Frischer Koriander, gehackt, zum Garnieren

ERGIBT 4 PORTIONEN

Die Kombination von leicht pikanten, knusprigen Bratkartoffeln mit erdigen Linsen ergibt ein sättigendes Gericht und ist eine perfekte , schnelle Mahlzeit unter der Woche nach einem harten Arbeitstag.

Linsen abspülen, abgießen und in einen großen Topf geben. Mit reichlich Wasser bedecken und zum Kochen bringen. Hitze reduzieren und 20 Minuten kochen lassen, bis die Linsen zart, aber noch bissfest sind, dann abgießen.

Linsen mit Olivenöl und Zitronensaft abschmecken, großzügig mit Salz und frisch gemahlenem schwarzem Pfeffer würzen und in eine Servierschüssel geben.

Genug Sonnenblumenöl in den Topf, in dem die Linsen gekocht wurden, geben, sodass der Boden in einer dünnen Schicht bedeckt ist. Öl bei mittlerer Hitze erwärmen, die gewürfelten Kartoffeln zugeben und unter gelegentlichem Rühren auf allen Seiten goldbraun rösten.

Zwiebeln zugeben und 2–3 Minuten weich dünsten. Harissa einrühren, sodass die Kartoffeln damit überzogen sind, und unter Rühren weitere 2 Minuten braten.

Harissa-Kartoffeln mit den Linsen mischen, mit Koriander bestreuen und servieren.

CREMIGE SÜSS-KARTOFFELN & WEISSE BOHNEN

- 1 EL Olivenöl
- 1 Zwiebel, klein gewürfelt
- 3 Knoblauchzehen, fein gehackt
- 1 große Süßkartoffel, geschält und in 1,5 cm große Würfel geschnitten
- 2 Karotten, gewürfelt
- 1 EL frischer Rosmarin, gehackt
- 3 frische Salbeiblätter, gehackt
- 270 g gekochte weiße Bohnen, abgegossen und abgespült
- 950 ml Gemüsebrühe
- Meersalz und frisch gemahlener schwarzer Pfeffer, nach Geschmack
- Frische Petersilie, zum Garnieren

ERGIBT 4–5 PORTIONEN

Weiße Bohnen, kombiniert mit Süßkartoffeln, Salbei und Rosmarin, verleihen diesem Eintopf eine Cremigkeit, die sich anfühlt wie die kulinarische Version eines gemütlichen Sweaters. Mit Bohnen aus der Dose kann man dieses Gericht in einem Topf kochen, wenn man getrocknete Bohnen verwendet, muss man einen weiteren Arbeitsschritt einplanen. Das ist ein tolles Rezept, wenn man es eilig hat.

Olivenöl in einem großen Topf bei mittlerer Hitze erwärmen. Zwiebeln zugeben und unter gelegentlichem Rühren etwa 5 Minuten weich dünsten. Knoblauch zugeben und noch 1 Minute braten. Süßkartoffeln, Karotten, Rosmarin und Salbei unterrühren. Großzügig mit Salz würzen und weitere 2–3 Minuten braten, bis die Kräuter duften.

Weiße Bohnen und Gemüsebrühe zugeben und alles zum Kochen bringen. Bei mittlerer Hitze zugedeckt 20 Minuten köcheln lassen, bis die Süßkartoffeln weich sind. Deckel abnehmen, umrühren und 5 Minuten fertig garen. Einige weiße Bohnen am Topfrand mit einem Holzlöffel zerdrücken, um mit deren Stärke den Eintopf einzudicken.

In Schüsseln füllen und mit gehackter Petersilie und frisch gemahlenem schwarzem Pfeffer garniert servieren.

Anmerkung: Wenn Sie einen weiteren Schritt (und eine Pfanne) zu diesem Rezept zufügen wollen, verwenden Sie 170 g getrocknete weiße Bohnen statt der Dose. Bohnen über Nacht oder mindestens 8 Stunden in kaltem Wasser einweichen. Wenn sie bereit zum Kochen sind, abgießen und Einweichwasser entfernen. Bohnen in einem mittelgroßen Topf mit frischem Wasser bedecken. Zum Kochen bringen, 1 Prise Salz und frische Kräuter, die man gerade zur Hand hat (Thymian, Salbeiblätter, Petersilie etc.), zugeben und etwa 30–40 Minuten weich kochen. Die Kochzeit hängt von der Bohnensorte, der Einweichzeit und dem Alter der Bohnen ab. Bohnen abgießen und wie oben beschrieben verarbeiten.

BLUMENKOHL, BUTTERNUSS-KÜRBIS & KICHERERBSEN

- 2 EL neutrales Öl
- 2 rote Zwiebeln, in Ringe geschnitten
- 4 Knoblauchzehen, zerdrückt
- Je 1 x 4 cm großes Stück frischer Ingwer und Kurkuma, gerieben
- 4 Kardamomkapseln, zerquetscht
- 1 Stängel Zitronengras, zerquetscht
- 2 Bird's-Eye-Chilischoten, halbiert
- 2 TL Garam masala
- 1 TL Kreuzkümmel, gemahlen
- 500 g Butternuss-Kürbis, geschält, entkernt und in 1 cm große Würfel geschnitten
- 4 Mini-Blumenkohlköpfe oder 500 g Blumenkohlröschen
- 2 Zweige Curry-Blätter
- 400 g Kichererbsen aus der Dose, abgegossen und abgespült
- 400 g gehackte Tomaten aus der Dose
- 400 ml Kokosmilch aus der Dose
- 10 g Koriander, Blätter abgezupft
- Saft von 1/2 Limette, frisch gepresst, plus extra Spalten zum Servieren
- Meersalz und frisch gemahlener schwarzer Pfeffer
- Gekochter brauner Reis und/oder vegane Naan-Brote, zum Servieren

ERGIBT 4 PORTIONEN

Dies ist die perfekte Mahlzeit für Mitte der Woche, wenn man etwas Verjüngung nötig hat. Super einfach, super geschmackvoll und gut für Körper und Seele.

Öl und Zwiebelringe in einen breiten, tiefen Topf geben und bei niedriger Hitze zugedeckt 5 Minuten dünsten lassen, dabei gelegentlich umrühren.

Knoblauch, Ingwer, Kurkuma, Kardamomkapseln, Zitronengras, Garam masala und Kreuzkümmel zugeben, plus einen Spritzer Wasser, sodass die Pfanne nicht zu trocken wird, und die Mischung 1 Minute kochen lassen.

Gehackten Butternuss-Kürbis und Mini-Blumenkohl oder Blumenkohlröschen mit Curry-Blättern, Kichererbsen und Dosentomaten zugeben. Kokosmilch zugießen und mit etwas Salz und Pfeffer würzen. Alles gut verrühren und zum Kochen bringen, dann Hitze reduzieren und zudecken.

20–25 Minuten kochen, bis das Gemüse gar und die Sauce eingedickt ist. Einen Spritzer Wasser zugießen, falls es zu trocken wird.

Koriander und Limettensaft unterrühren und mit braunem Reis und/oder veganem Naan-Brot und Limettenspalten servieren.

KICHERERBSEN, MANGOLD & KARTOFFELN

- 2 EL Olivenöl
- 1 Zwiebel, gehackt
- 1 Selleriestange, dünn geschnitten
- 1 rote Paprikaschote, entkernt und in kurze Streifen geschnitten
- 1 TL süßes geräuchertes Pimentón oder Paprikapulver
- 1 Spritzer veganer, trockener Weißwein
- 300 g festkochende Kartoffeln, geviertelt
- 400 ml Gemüsebrühe
- 400 g Kichererbsen aus der Dose, abgegossen und abgespült
- 200 g Mangold oder Spinat, klein geschnitten
- 1 EL Salzzitronen (siehe Seite 80, optional)
- Meersalz und frisch gemahlener schwarzer Pfeffer

ERGIBT 4 PORTIONEN

Dies ist ein schlichter, nahrhafter Eintopf. Die Kartoffeln saugen die Brühe auf und werden geschmackvoll und zart und stehen so in Kontrast zu den nussigen Kichererbsen und dem Mangold.

Olivenöl in einer Pfanne erhitzen, Zwiebeln zugeben und bei niedriger Hitze 5 Minuten anbraten, dabei häufig umrühren. Sellerie und rote Paprikaschote zugeben und weitere 3 Minuten mitbraten.

Mit Pimentón bestreuen und Weißwein zugießen. Kurz aufkochen lassen, umrühren und Kartoffeln und Brühe zugeben. Mit Salz und frisch gemahlenem schwarzem Pfeffer würzen.

Zum Kochen bringen, zudecken, Hitze reduzieren und etwa 10 Minuten köcheln lassen. Kichererbsen zugeben und weitere 10 Minuten kochen, bis die Kartoffeln weich sind.

Mangold oder Spinat unterrühren, zudecken und 5 Minuten köcheln lassen, bis der Mangold zusammengefallen und weich ist. Salzzitronen (wenn verwendet) zugeben und sofort servieren.

LINSEN AUF MAROKKANISCHE ART

- Olivenöl, zum Braten
- 1 kleine rote Zwiebel, klein gewürfelt
- 1 gelbe Paprikaschote, entkernt und klein gewürfelt
- 2 EL Tomatenmark
- 2 TL süßes, geräuchertes Paprikapulver
- 1 TL Kreuzkümmel, gemahlen
- ½ TL Koriander, gemahlen
- 2 Knoblauchzehen, fein gehackt
- 400 g zerdrückte oder gehackte Tomaten mit Saft aus der Dose
- 1 Prise Safranfäden (optional)
- 160 g getrocknete schwarze oder Puy-Linsen, 1 Stunde oder über Nacht eingeweicht, abgegossen und gekocht (siehe Anmerkung rechts)
- 1 große Handvoll frischer Baby-Spinat, grob gehackt
- 1 EL Harissa
- 1 EL Agavensirup
- Meersalz, nach Geschmack

ZUM SERVIEREN

- Frische Petersilie oder Koriander, gehackt
- Geröstetes veganes Fladenbrot, Pita-Brot oder Naan-Brot

ERGIBT 4–5 PORTIONEN

Dieses reich gewürzte Gericht auf Tomatenbasis ist am Abend unter der Woche leicht zubereitet, und Reste ergeben am nächsten Tag ein großartiges Mittagessen. Servieren Sie es mit warmem Pita-Brot.

Ein wenig Öl in einer großen Pfanne mit hohem Rand und einem Deckel oder in einem Schmortopf bei mittlerer Hitze erwärmen. Zwiebeln zugeben, mit Salz und Pfeffer würzen und etwa 4–6 Minuten sautieren, bis die Zwiebeln durchscheinend sind.

Tomatenmark einrühren und 1 Minute kochen. Gewürze und Knoblauch einrühren und 30 Sekunden mitkochen, dann Tomaten und Safran (wenn verwendet) einrühren. Deckel aufsetzen und bei mittlerer Hitze 15 Minuten köcheln lassen.

Gekochte und abgegossene Linsen zur Tomatenmischung geben und ohne Deckel weitere 10 Minuten kochen, bis die Flüssigkeit leicht reduziert ist.

Spinat zugeben und zusammenfallen lassen. Vom Herd nehmen und Harissa und Agavensirup einrühren. Mit frischen, gehackten Kräutern garnieren und warm mit Pita-Brot zum Auftunken der Sauce servieren.

Anmerkung: Linsen zum Kochen mit 700 ml Wasser und 1 Prise Salz in einen Topf geben. Bei mittlerer Hitze zum Kochen bringen, auf mittlere bis niedrige Hitze reduzieren, zudecken und etwa 18–20 Minuten köcheln lassen. Die Linsen sollten noch bissfest sein. Sobald sie gar sind, Linsen durch ein Sieb abgießen. Alternativ kann man auch Dosenlinsen oder vorgekochte Linsen verwenden, um es noch einfacher zu machen.

CHILI MIT BUTTERNUSS & SCHWARZEN BOHNEN

- **Avocado- oder Olivenöl, zum Braten**
- **1 Zwiebel, gewürfelt**
- **375 g Butternuss-Kürbis, geschält und in 1,5 cm große Würfel geschnitten**
- **2 EL Tomatenmark**
- **1 große Knoblauchzehe, fein gehackt**
- **3 TL Kreuzkümmel, gemahlen**
- **2 TL geräuchertes Paprikapulver**
- **1/4 TL Zimt, gemahlen**
- **1/4 TL Cayenne-Pfeffer**
- **400 g zerdrückte oder gehackte Tomaten mit Saft aus der Dose**
- **800 g schwarze Bohnen mit Saft aus der Dose**
- **Meersalz, nach Geschmack**

ZUM SERVIEREN (OPTIONAL)

- **Avocado, gewürfelt oder Avocado-Dip (siehe gegenüber)**
- **Vegane Saure Sahne**
- **Große Frühlingszwiebeln, gehackt**
- **Mais-Chips**

ERGIBT 4–6 PORTIONEN

Butternuss und schwarze Bohnen ergeben ein herzhaft sättigendes Gericht. Ein perfektes Rezept, um an einem Sonntagnachmittag genug vorzukochen, um auch für die Wochenoch etwas zu haben. Der Geschmack verstärkt sich mit der Zeit, da schmeckt es umso besser.

Genug Öl, um den Boden einer großen Pfanne mit Deckel zu bedecken, bei mittlerer Hitze erwärmen.

Zwiebeln zugeben, mit Salz würzen und etwa 5 Minuten anbraten, bis sie durchscheinend sind. Butternuss-Kürbis zugeben und unter gelegentlichem Rühren 5 Minuten dünsten.

Tomatenpüree einrühren und 1 Minute mitbraten. Knoblauch, Kreuzkümmel, Paprikapulver, Zimt und Cayenne-Pfeffer zugeben und 1 Minute mitbraten. Tomaten und schwarze Bohnen mit der Flüssigkeit aus den Dosen zugeben. Mit Salz würzen und auf mittlere bis niedrige Hitze reduzieren.

Zudecken und etwa 30 Minuten kochen, bis der Butternuss-Kürbis gar ist, dabei gelegentlich umrühren. Bei Bedarf 120 ml oder mehr Wasser zugießen, sollte das Chili zu trocken oder zu dick werden. Mit der gewünschten Garnitur servieren.

AVOCADO-DIP

- **1 Avocado, geschält und entkernt**
- **Saft von 1/2 Zitrone oder Limette, frisch gepresst**
- **1 kleine Handvoll frische Korianderblätter**
- **Meersalz, nach Geschmack**

ERGIBT 175–235 ML

Avocado, Zitronen- oder Limettensaft, Korianderblätter und eine großzügige Prise Meersalz in einer Küchenmaschine oder einem Mixer glatt pürieren.

Wasser esslöffelweise zugeben und nochmals pürieren, bis die gewünschte Konsistenz erreicht ist – dick genug für einen Dip, aber dünn genug zum Beträufeln. Kosten und bei Bedarf mit mehr Meersalz nachwürzen.

GEBACKENE LINSEN MIT WURZELGEMÜSE

- **1 Zwiebel, in Ringe geschnitten**
- **2 Knoblauchzehen, geschält und gehackt**
- **4 EL Olivenöl**
- **2 EL Berbere-Gewürzmischung (siehe unten)**
- **2 große Karotten**
- **1 große Süßkartoffel (etwa 250 g), geschält und in mundgerechte Stücke geschnitten**
- **400 g gehackte Tomaten aus der Dose**
- **4 cm großes Stück frischer Ingwer, gerieben**
- **450 g pürierte Tomaten (Passata)**
- **800 ml gut gewürzte Gemüsebrühe**
- **2 EL Ketchup guter Qualität**
- **150 g getrocknete rote Linsen, abgespült**
- **1 große Handvoll frischer Baby-Spinat**
- **1 Bund frische Petersilie, gehackt**
- **Chilischoten/Chiliöl, zum Servieren (optional)**

ERGIBT 4 PORTIONEN

Dieses äthiopisch inspirierte Linsengericht ist perfekt, wenn man sich nach etwas Einfachem, Sättigendem und trotzdem Geschmackvollem sehnt. Runzeln Sie nicht die Stirn, wenn man Ketchup zu einem Gericht auf Tomatenbasis geben soll – Ketchup guter Qualität bringt die in Dosentomaten oder Passata oft fehlende Süße zurück.

Backofen auf 190 °C vorheizen. Zwiebeln auf dem Boden eines tiefen Bräters verteilen. Knoblauch zugeben und alles mit Olivenöl beträufeln und mit Berbere-Gewürzmischung bestreuen. 10 Minuten im Ofen braten.

Karotten in dreieckige Stücke schneiden. Bräter aus dem Ofen nehmen, Karotten und Süßkartoffeln zugeben. Gehackte Tomaten und geriebenen Ingwer unterrühren, Passata, Brühe und Ketchup zugeben, Linsen einrühren, mit Aluminiumfolie abdecken und 30–35 Minuten im Ofen braten, bis die Linsen weich sind und der Eintopf etwas eingedickt ist.

Spinatblätter und die Hälfte der Petersilie einrühren und weitere 3–4 Minuten im Ofen braten. Mit restlicher gehackter Petersilie garnieren und wenn gewünscht, mit Chiliöl beträufeln und servieren.

BERBERE-GEWÜRZMISCHUNG

- **2 EL getrocknete rote Chiliflocken**
- **1½ TL Fleur de sel**
- **1½ TL schwarzer Pfeffer, grob gemahlen**
- **1½ TL Kreuzkümmel, gemahlen**
- **1½ TL Koriandersamen**
- **½ TL Bockshornkleepulver**
- **½ TL Ingwer, gemahlen**
- **⅓ TL Piment**
- **⅓ TL Gewürznelken, gemahlen**
- **⅓ TL Muskatnuss, gemahlen**
- **Samen von 2 grünen Kardamomkapseln**

Gewürze in einem Mörser zu grobem Pulver zerstoßen. In einem luftdicht verschließbaren Behälter aufbewahren.

ERGIBT ETWA 75 G

ADZUKI-BOHNEN
MIT AMARANTH

Dieses nahrhafte Gericht wird mit nur wenigen Zutaten zubereitet. Es ist reichhaltig und cremig mit einem leicht süßem Touch.

- **200 g getrocknete Adzuki-Bohnen**
- **180 g Hokkaido- oder Kabocha-Kürbis, geschält, entkernt und gewürfelt**
- **70 g Amaranth**
- **2 EL Sojasauce**
- **1/2 EL Umeboshi-Essig**
- **1/2 TL Kurkuma, gemahlen**
- **1/2 TL Meersalz**

ERGIBT 2–3 PORTIONEN

Adzuki-Bohnen in einem Topf mit 1 l Wasser bedecken und über Nacht einweichen (das ist nicht unbedingt notwendig, verringert aber die Kochzeit). Im Einweichwasser zum Kochen bringen, dann Kürbis zugeben und halb zugedeckt bei niedriger Hitze etwa 30 Minuten kochen, bis die Adzuki-Bohnen halb gar sind.

Amaranth zugeben und weitere 20–30 Minuten kochen bis Adzuki-Bohnen und Amaranth weich sind. Mit den restlichen Zutaten würzen und eventuell mit heißem Wasser verdünnen.

BLUMENKOHL-GEMÜSE-BOHNEN-RAGOUT

Das wird zu Ihrem Lieblingstomatenragout werden. Frieren Sie es als Vorrat für ein Chili oder eine schnelle Pasta ein, oder servieren Sie es statt hausgemachten Baked Beans zum Brunch.

- **2 Zwiebeln, gewürfelt**
- **2 Karotten, gewürfelt**
- **2 Selleriestangen, gewürfelt**
- **2 Köpfe Blumenkohl, in Röschen zerpflückt**
- **1 große Aubergine, gewürfelt**
- **2 EL Olivenöl**
- **Einige Zweige frischer Thymian, Rosmarin und Salbei**
- **2 frische Lorbeerblätter**
- **100 ml veganer Rotwein**
- **2 x 400 g-Dosen Pflaumentomaten**
- **1 x 400 g-Dose Gartenbohnen/weiße Bohnen, abgegossen und abgespült**
- **Meersalz und frisch gemahlener schwarzer Pfeffer**

ERGIBT 2,5 KG

Zwiebeln, Karotten, Sellerie, Blumenkohl und Auberginen mit Olivenöl in einen hitzebeständigen Bräter geben. Bei mittlerer Hitze 20 Minuten dünsten, dabei häufig umrühren, da sich das Gemüse leicht anlegt.

Kräuterzweige und Lorbeerblätter mit Bindfaden zu einem Bouquet garni zusammenbinden und in den Topf geben. Nach einigen Minuten Wein zugießen, aufkochen lassen und 3–5 Minuten köcheln lassen.

Tomaten zugeben, sie dabei mit dem Rücken eines Holzlöffels zerdrücken, dann 2 Dosen Wasser zugießen. 30 Minuten kochen, danach Bohnen zugeben. Weitere 30 Minuten kochen, bis die Mischung eingedickt ist, dabei gelegentlich umrühren und mit einem Kartoffelstampfer zerdrücken. Bei Bedarf mehr Wasser zugießen, damit das Ragout nicht zu dick wird.

Vor dem Servieren nach Geschmack mit Salz und Pfeffer würzen.

Foto siehe nächste Seite

SÜSS-KARTOFFELN, SPINAT & KICHERERBSEN
MIT KOKOS

- 1 EL Pflanzenöl
- 1 Zwiebel, halbiert und dünn geschnitten
- 30 g frischer Ingwer, geschält und gerieben
- 1-2 frische rote Chilischoten, halbiert und geschnitten
- 1 TL Currypulver
- 1 TL Kreuzkümmel, gemahlen
- 1,3 Süßkartoffeln, geschält und gewürfelt
- 400 ml Kokosmilch aus der Dose
- 450 ml Gemüsebrühe
- 400 g Kichererbsen aus der Dose, abgegossen und abgespült
- 225 g frischer Baby-Spinat, gewaschen
- Meersalz
- Jasmin-Reis, zum Servieren

ERGIBT 4–6 PORTIONEN

Dieses Gericht liegt irgendwo zwischen einem Eintopf und einer Suppe und schmeckt köstlich mit duftendem Jasmin-Reis. Wenn Sie es eher pikant mögen, fügen Sie zwei Chilischoten mit Samen hinzu; wenn nicht, lassen Sie die Samen weg. So wird es milder und die kleinen roten Flecken machen sich gut im orangen Farbton des Gerichts.

Öl in einem großen Topf erhitzen. Zwiebel zugeben und bei niedriger Hitze 3–5 Minuten weich dünsten. Ingwer, Chilis, Currypulver, Kreuzkümmel und 1 Prise Salz zugeben. 1–2 Minuten unter ständigem Rühren braten, bis alles duftet.

Süßkartoffeln zugeben und umrühren, um sie mit den Gewürzen zu überziehen. Kokosmilch und Brühe und bei Bedarf etwas Wasser zugießen, gerade so viel, um die Süßkartoffeln zu bedecken; die Mischung sollte nach dem Kochen flüssig wie Suppe sein. Zum Kochen bringen, dann ohne Deckel 15 Minuten köcheln lassen.

Kichererbsen zugeben und weitere 15–20 Minuten köcheln, bis die Süßkartoffeln weich sind.

Spinat portionsweise zugeben, umrühren und warten, bis jede Portion zusammengefallen ist, bevor man die nächste einrührt. Bei Bedarf nachwürzen und sofort mit Jasmin-Reis servieren.

REIS & GETREIDE

BLUMENKOHL-LARB MIT KOKOS-REIS & FRISCHEM GRÜNZEUG

- 30 g Kokos-Chips
- 3 EL Pflanzenöl
- 1 großer Kopf Blumenkohl, fein gehackt
- 1 Stängel Zitronengras, harte äußere Blätter entfernt, fein gehackt
- 4 frische Kaffir-Limettenblätter, dünn geschnitten
- 3 grüne Thai-Chilis, fein gehackt
- 4 EL Sojasauce
- Saft von 1 Limette, frisch gepresst
- 5 Frühlingszwiebeln, dünn geschnitten
- 10 g frischer Koriander, Blätter abgezupft und gehackt
- 10 g frische Minze, Blätter abgezupft und gehackt
- Meersalz

ZUM SERVIEREN
- Salatblätter
- Gekochter Jasmin-Reis
- Violetter Basilikum (optional)

ERGIBT 4 PORTIONEN

Larb ist ein Gericht aus Nord-Thailand voller Aromen und wird traditionell mit Fleisch zubereitet und als Salat mit Reis und knusprigen Blättern serviert. Dies ist eine duftende, süß-herbe Blumenkohl-Version.

Einen Wok oder eine große Pfanne mit schwerem Boden bei mittlerer Hitze erwärmen. Kokos-Chips zugeben und 2 Minuten goldbraun rösten. Vom Herd nehmen und in einer Küchenmaschine zu feinem Pulver zerreiben. Beiseitestellen.

Öl im selben Wok oder in derselben Pfanne bei hoher Hitze erwärmen. Blumenkohl, Zitronengras, Limetten-Blätter, Chilis, Sojasauce und Limettensaft zugeben und unter gelegentlichem Rühren 5 Minuten braten, bis der Blumenkohl Farbe annimmt. In eine hitzebeständige Schüssel geben, 15 Minuten beiseitestellen und auskühlen lassen.

Frühlingszwiebeln, Koriander und Minze in die Blumenkohl-Mischung einrühren. Mit Salz würzen. Mit Salatblättern und gekochtem Jasmin-Reis, gemischt mit den gemahlenen, gerösteten Kokos-Chips, servieren. Eventuell mit violettem Basilikum garnieren.

GRÜNE KITCHARI-BOWL

Kitchari ist eine sehr einfache Kombination von Reis, Linsen oder Spalterbsen und Gewürzen – doch das Ergebnis ist gesund und sehr tröstlich, so etwas wie Risotto mit indischen Gewürzen.

- **180 g getrocknete gelbe Spalterbsen oder Linsen**
- **90 g brauner Langkornreis oder Jasmin-Reis**
- **2–3 EL Kokosfett**
- **1 EL frischer Ingwer, gerieben**
- **2 TL Kreuzkümmel, gemahlen**
- **1 TL Koriander, gemahlen**
- **1 TL Fenchelsamen**
- **1 TL Bockshornklee, gemahlen**
- **1 TL Kurkuma, gemahlen**
- **1,2 l Wasser oder Gemüsebrühe**
- **1 Kopf Brokkoli, sehr klein geschnitten, fast in Reiskorngröße**
- **1 mittelgroße Zucchini, Enden abgeschnitten und grob gerieben**
- **60 g Baby-Spinat oder Baby-Grünkohl, grob gehackt**
- **Meersalz**

ZUM SERVIEREN

- **Frischer Koriander, gehackt**
- **Knoblauch-Joghurt-Dip (siehe rechts, optional)**

ERGIBT 4–6 PORTIONEN

Gelbe Spalterbsen oder Linsen und Reis in einem Sieb unter kaltem Wasser abspülen, bis das Wasser klar abfließt.

In einem großen Topf bei mittlerer Hitze genug Kokosfett erhitzen, dass es den Boden bedeckt. Ingwer zugeben und unter Rühren 30 Sekunden anbraten. Alle Gewürze zugeben, mit Salz würzen und weitere 30 Sekunden braten, bis es duftet.

Linsen und Reis zugeben und umrühren, sodass alles mit den Gewürzen überzogen ist. Wasser oder Gemüsebrühe zugießen und zum Kochen bringen.

Auf mittlere Hitze reduzieren, zudecken und 35–45 Minuten köcheln lassen, dabei gelegentlich umrühren, bis die Linsen weich, aber nicht matschig sind und der Großteil der Flüssigkeit aufgesogen ist. (Wenn die Mischung zu trocken wird, noch etwas Wasser zugießen.)

Brokkoli einrühren, zudecken und weitere 4–5 Minuten köcheln lassen. Dann Zucchini, Spinat/Grünkohl zugeben, vom Herd nehmen und 5 Minuten ruhen lassen. Mit frisch gehacktem Koriander bestreuen und wenn gewünscht, mit Knoblauch-Joghurt-Dip warm servieren.

KNOBLAUCH-JOGHURT-DIP

- **215 g ungesüßter, veganer Naturjoghurt**
- **1 Knoblauchzehe, fein gerieben**
- **¼ TL Salz**
- **Schwarzer Pfeffer, nach Geschmack**
- **1 EL Olivenöl, plus mehr zum Servieren**

ERGIBT ETWA 235 ML

Alle Zutaten in einer kleinen Schüssel mit einer Gabel verrühren. Wenn gewünscht, mit zusätzlichem Olivenöl und frisch gemahlenem schwarzen Pfeffer servieren.

PAELLA MIT ARTISCHOCKEN & BOHNEN

Am besten verwenden Sie frische Artischocken, wenn sie erhältlich sind. Ich habe das Gericht durch Zugabe von frischer Minze abgeändert und serviere es, ungewöhnlich für Paella,mit veganer Knoblauch-Mayo oder Safran-Aïoli – es scheint zu funktionieren.

- **4 mittelgroße Artischocken, halbiert oder geviertelt**
- **1 Bio-Zitrone, halbiert**
- **4 EL extra natives Olivenöl**
- **2 Lorbeerblätter, zerdrückt**
- **4 Knoblauchzehen, zerdrückt**
- **1 Zwiebel, fein gehackt**
- **1,2 l heiße Gemüsebrühe**
- **250 g dicke Bohnen, ausgelöst und geschält**
- **350 g Mittelkornreis**
- **2 EL frische Minze, gehackt**
- **Meersalz und frisch gemahlener schwarzer Pfeffer**
- **Vegane Knoblauch-Mayonnaise oder Safran-Aïoli, zum Servieren**

ERGIBT 4 PORTIONEN

Mit der Vorbereitung der Artischocken beginnen. Stängel auf etwa 2 cm kürzen und die Blätter von oben 3–4 cm abschneiden. Harte Blätter entfernen, sodass die runde Basis zum Vorschein kommt. Dort befindet sich die haarige Mitte. Diese mit einem Löffel entfernen und entfernen. Restliches Stück halbieren und in eine Schüssel mit kaltem Wasser legen. Saft von den Zitronenhälften zugießen und die Schale ebenfalls zugeben.

Öl in einer Paella-Pfanne (oder flachen hitzebeständigen Kasserolle) mit 35 cm Durchmesser erhitzen und Lorbeerblätter zugeben, 30 Sekunden braten, bis sie duften, und dann Knoblauch, Zwiebeln und etwas Salz und Pfeffer zugeben. Hitze reduzieren und 20 Minuten braten, bis die Zwiebeln karamellisiert sind. Artischockenhälften zugeben, zum Kochen bringen und 10 Minuten sanft köcheln lassen.

Dicke Bohnen, Reis und Minze einrühren und 20 Minuten sanft köcheln lassen, bis der Reis bissfest und die Flüssigkeit aufgesogen ist. 10 Minuten ruhen lassen, danach mit einer Schüssel Knoblauch-Mayonnaise oder Safran-Aïoli servieren.

Tipp: Um die Paella einzeln zu servieren, den Schritten oben folgen. Alles gut vermengen und auf 4 kleine Pfannen verteilen. In einen auf 200 °C vorgeheizten Ofen geben und 20 Minuten backen, bis der Reis gar ist.

GEMÜSE-PAELLA

- 25 g blanchierte Mandeln, geröstet
- 4 EL frische Petersilie, grob gehackt
- 4 Knoblauchzehen
- 6 EL extra natives Olivenöl
- 750 g Baby-Gemüse (Karotten, Rüben, Fenchel, Zucchini und grüne Bohnen
- 1 l heiße Gemüsebrühe
- 150 g frische oder tiefgefrorene Erbsen (aufgetaut, wenn tiefgefroren)
- 1 großer Lauch, zugeputzt und dünn geschnitten
- 1 grüne Paprikaschote, entkernt und fein gehackt
- 1 Pflaumentomate, geschält und fein gehackt
- 2 TL süßes Paprikapulver
- 1/4 TL Safranfäden, gemahlen
- 350 g Mittelkornreis
- Meersalz und frisch gemahlener schwarzer Pfeffer
- Zucchiniblüten, in Steifen geschnitten, zum Garnieren (optional)

ERGIBT 4–6 PORTIONEN

Paella ist das ultimative Reis-Eintopf-Gericht. Diese besondere Version kommt mit einer pestoartigen Sauce aus geriebenen Mandeln, Knoblauch und Petersilie. Hier wurde eine Auswahl an Baby-Gemüse verwendet, doch eigentlich funktioniert es mit jeder Gemüsesorte gut.

Geröstete Mandeln in einem Mörser (oder einer Küchenmaschine) mit Petersilie und 2 der Knoblauchzehen fein zerreiben. 2 EL Öl unterrühren. Beiseitestellen.

Baby-Gemüse zuputzen und die größeren Stücke halbieren. Brühe in einer Paella-Pfanne (oder flachen, hitzebeständigen Kasserolle) mit 35 cm Durchmesser zum Kochen bringen und Baby-Gemüse und Erbsen je nach Größe 1–3 Minuten blanchieren. Abgießen und Brühe in einem Krug aufbewahren.

Restliches Öl in derselben Pfanne erhitzen, restlichen Knoblauch zerdrücken und mit Lauch, grünem Paprika und etwas Salz und Pfeffer zugeben. 10 Minuten sanft goldbraun anbraten. Tomaten, Paprikapulver und gemahlenen Safran zugeben und weitere 8–10 Minuten kochen, bis die Sauce eingedickt und klebrig ist.

Reis und Petersilien-Pesto einrühren, sodass die Reiskörner gut damit überzogen sind. Beiseitegestellte Brühe zugießen, zum Kochen bringen und 15 Minuten sanft köcheln lassen, danach das blanchierte Gemüse unterrühren und weitere 5–8 Minuten kochen, bis der Reis bissfest, die Brühe aufgesogen und das Gemüse weich ist. Mit Salz und Pfeffer würzen. Vor dem Servieren 10 Minuten ruhen lassen. Wenn gewünscht, mit Zucchiniblüten garnieren und servieren.

SAFRAN-REIS PERSISCHE ART
MIT KARTOFFELN

- **250 g Basmati-Reis**
- **1 TL Safranfäden, fein gemahlen, oder 1 TL Safranpulver**
- **2 EL heißes Wasser**
- **4 EL Sonnenblumen- oder Pflanzenöl**
- **1 Zwiebel, fein gehackt**
- **200 g festkochende Kartoffeln, geschält und in 1 cm große Würfel geschnitten**
- **2 EL getrocknete Berberitzen oder Rosinen**
- **1 EL Pinienkerne**
- **15 g/1 EL pflanzlicher Aufstrich**
- **1 TL Zimt, gemahlen**
- **Meersalz**

ERGIBT 6 PORTIONEN

Nach Gewürzen duftend, aus langkörnigem Basmati-Reis zubereitet, ist dies ein elegantes Reis-Eintopfgericht, ideal für Gäste. Servieren Sie es mit Gemüse-Kebab oder Salat aus gerösteten Auberginen als nahöstlich inspiriertes Festessen.

Reis 2–3 Mal waschen, um die Stärke auszuschwemmen. Mit kaltem Wasser bedecken, beiseitestellen und 45 Minuten quellen lassen.

Gemahlenen Safran mit heißem Wasser vermengen, beiseitestellen und ziehen lassen.

Öl in einem Topf mit schwerem Boden erhitzen. Zwiebeln zugeben und bei niedriger Hitze 5 Minuten weich dünsten, dabei gelegentlich umrühren. Kartoffelwürfel zugeben, auf mittlere Hitze erhöhen und unter häufigem Rühren 8 Minuten leicht goldbraun braten. Berberitzen oder Rosinen und Pinienkerne zugeben und unter Rühren 2 Minuten braten.

Pflanzlichen Aufstrich zugeben. Sobald er geschmolzen ist, gemahlenen Zimt zugeben und gut verrühren.

Eingeweichten Reis abgießen, in den Topf geben und gut verrühren. 300 ml Wasser, die Safran-Flüssigkeit und Salz zugeben und zum Kochen bringen. Zudecken, Hitze reduzieren und bei sehr niedriger Hitze 15 Minuten köcheln lassen, bis das Wasser aufgesogen und der Reis gar ist. Sofort servieren.

BOHNEN-ERBSEN-PAELLA
MIT SALSA VERDE

- 60 ml/4 EL Olivenöl
- 2 Knoblauchzehen, zerdrückt
- 2 Tomaten, entkernt und fein gehackt
- 2 TL süßes Paprikapulver
- 1/4 TL Safranfäden
- 350 g Mittelkornreis
- 900 ml Gemüsebrühe
- 150 g grüne Bohnen, zugeputzt und halbiert
- 150 g dicke Bohnen, ausgelöst
- 150 g Erbsen ausgelöst
- 50 g schwarze Oliven ohne Kern
- Meersalz und frisch gemahlener schwarzer Pfeffer
- Zitronenspalten und veganes Aïoli, zum Servieren

SALSA VERDE

- 1 Bund frische Minze (etwa 30 g)
- 1/2 Bund frische, glatte Petersilie (etwa 15 g)
- 1 Knoblauchzehe, gehackt
- 1 EL Kapern, abgegossen und abgespült
- 1 TL Dijon-Senf
- 2 TL Weißwein-Essig
- 150 ml extra natives Olivenöl

ERGIBT 4–6 PORTIONEN

Das ist das perfekte Sommer-Reisgericht mit einer Vielzahl an Bohnen und Erbsen, aufgepeppt mit einer pikanten Kräuter-Salsa – ein frisches Gericht zum Teilen. Mit einer Aïoli auf Tofu-Basis schmeckt es besonders gut.

Öl in einer hitzebeständigen Kasserolle oder einem Bräter bei mittlerer Hitze erwärmen, Knoblauch zugeben und 30 Sekunden anbraten, bis er weich zu werden beginnt (achtgeben, dass er nicht anbrennt). Tomaten, Paprikapulver, Safran und etwas Salz und Pfeffer zugeben und etwa 5 Minuten kochen, bis sich Tomaten und Öl zu trennen beginnen.

Reis über die Tomaten-Mischung geben, gut umrühren und 2 Minuten kochen. Brühe zugießen, zum Kochen bringen und ohne Deckel bei mittlerer bis niedriger Hitze 10 Minuten kochen. Beide Bohnensorten und Erbsen über dem Reis verteilen, Topf zudecken und weitere 10–15 Minuten kochen, bis der Reis und das Gemüse gar sind und die Brühe aufgesogen ist.

In der Zwischenzeit die Salsa verde zubereiten. Alle Zutaten in einer Küchenmaschine oder Mixer mit etwas Salz und Pfeffer zu einer glatten Paste pürieren. Nach Geschmack nachwürzen.

Topf vom Herd nehmen, Oliven über der Mischung verteilen, mit einem sauberen Geschirrtuch abdecken und 5 Minuten ruhen lassen. Mit Salsa verde beträufeln und mit Zitronenspalten und Aïoli servieren.

GEBACKENER REIS MIT KICHER-ERBSEN & ROSINEN

- 5 EL Olivenöl
- 1 Knolle Knoblauch, zugeputzt, aber im Ganzen
- 1 kleine Zwiebel, fein gehackt
- 1 große Tomate, fein gehackt
- 1 TL süßes Paprikapulver
- ½ TL Zimt, gemahlen
- 200 g gekochte Kichererbsen, abgegossen und abgespült
- 100 g (dunkle) Rosinen
- 1 l Gemüsebrühe
- 350 g Mittelkornreis
- Meersalz und frisch gemahlener schwarzer Pfeffer

ZUM SERVIEREN

- Frische Petersilie, gehackt
- Vegane Knoblauch-Mayo oder Safran-Aïoli

ERGIBT 4–6 PORTIONEN

Hier wird Reis mit Kichererbsen und Rosinen kombiniert, so wie es für süß-pikante maurische Gerichte typisch ist, was bei diesem gebackenen Reis besonders gut funktioniert.

Backofen auf 200 °C vorheizen. Öl in einem hitzebeständigen Schmortopf oder Bräter erhitzen. Knoblauch bei mittlerer Hitze 5 Minuten goldbraun rösten. Zwiebeln zugeben, Hitze reduzieren und 10 Minuten sanft braten, dann Tomaten, Paprikapulver und Zimt, zugeben und weitere 5–8 Minuten kochen, bis die Sauce ziemlich dick ist. Mit Salz und Pfeffer würzen.

Kichererbsen, Rosinen und Brühe einrühren und zum Kochen bringen. Reis darüberstreuen, einmal umrühren und wiederum zum Kochen bringen. In den Ofen schieben und 25 Minuten backen, bis der Reis bissfest und die Flüssigkeit aufgesogen ist. Aus dem Ofen nehmen und 10 Minuten ruhen lassen. Mit Knoblauch-Mayo oder Aïoli servieren.

Tipp: Für eine geschmackvolle Gemüsebrühe grob gehackte Zwiebeln, Karotten, Lauch, Knoblauch, Pilze und Kartoffeln in einem großen Topf mit grob gehackter Petersilie und Thymian sowie etwas Salz und Pfeffer mit 2 l Wasser zum Kochen bringen, dann Hitze reduzieren und 45 Minuten köcheln lassen, bis die Brühe voller Geschmack ist. Durch ein Sieb gießen und aufbewahren.

BLUMENKOHL-RISOTTO

- 2 EL Olivenöl
- 1 Zwiebel, fein gehackt
- 250 g Risotto-Reis
- 1 große Prise Safranfäden
- 90 ml trockener veganer Weißwein
- 1 l heiße Gemüsebrühe
- 40 g veganer Hartkäse, fein gerieben, plus extra zum Servieren
- Abrieb und Saft von 1 Bio-Zitrone
- 1 Kopf Blumenkohl (400 g), gerieben oder in einer Küchenmaschine zerkleinert
- 100 g Baby-Grünkohlblätter

ERGIBT 4 PORTIONEN

Dieser Risotto besteht je zur Hälfte aus Blumenkohl-Reis und Risotto-Reis. Er ist so cremig wie ein traditioneller Risotto, aber der Blumenkohl verleiht ihm mehr Nährwert und er ist ärmer an Kohlehydraten.

Öl in einem großen Topf bei niedriger Hitze erwärmen. Zwiebeln zugeben und 10–15 Minuten weich dünsten, sie sollten jedoch keine Farbe nehmen.

Auf mittlere Hitze erhöhen, Risotto-Reis einstreuen und einige Minuten umrühren, sodass alle Reiskörner mit Öl überzogen sind. Danach Safran zu geben und gut verrühren. Weißwein zugießen, ein paar Minuten kochen lassen, dabei regelmäßig umrühren.

Nach und nach die heiße Gemüsebrühe mithilfe eines Schöpflöffels zugießen, dabei darauf achten, dass die Flüssigkeit jedes Mal aufgesogen ist, bevor man den nächsten Schöpflöffel zugießt. Vorgang 15–20 Minuten wiederholen, bis der Risotto gar, aber cremig ist.

Geriebenen Käse, Zitronensaft und Abrieb, geriebenen Blumenkohl und Baby-Grünkohl unterrühren und weitere 3 Minuten kochen. Mit zusätzlichem geriebenen Käse servieren.

MEXIKANISCHER ROTER REIS

- 200 g Tomaten
- 1 EL Pflanzenöl
- ½ Zwiebel, fein gehackt
- 1 Knoblauchzehe, in Scheiben geschnitten
- 1 rote Chilischote, gehackt
- 200 g Langkornreis, abgespült
- 250 ml Gemüsebrühe
- Meersalz, nach Geschmack
- 50 g tiefgefrorene Erbsen (optional)

ERGIBT 4 PORTIONEN

Tomaten verleihen dem Reis Süße und die Chilischote ein wenig Schärfe. Servieren Sie diese geschmackvolle Beilage mit geröstetem Gemüse und Tomaten-Salsa.

Zuerst Tomaten schälen. In einer hitzebeständigen Schüssel kochendes Wasser über die reifen Tomaten gießen. 1 Minute beiseitestellen, dann abgießen und die Haut mit einem scharfen Messer vorsichtig abziehen. Grob hacken, Saft dabei auffangen, und beiseitestellen.

Öl in einem Topf mit schwerem Boden bei mittlerer Hitze erwärmen. Zwiebeln und Knoblauch zugeben und weich braten. Chili zugeben und 1 Minute weiterbraten, danach gehackte Tomaten mit Saft zugeben. Hitze erhöhen, kräftig umrühren und kochen, bis die Tomaten zerfallen und eine dicke Sauce bilden.

Reis einrühren und Brühe zugießen. Mit Salz würzen, zum Kochen bringen und nach Wunsch tiefgefrorene Erbsen zugeben. Deckel auflegen und 10–15 Minuten kochen lassen, bis die Brühe aufgesogen und der Reis gar ist.

Foto siehe nächste Seite

BLECHGERICHTE

GERÖSTETER BLUMENKOHL-SALAT

- 1 Blumenkohl, in Spalten geschnitten
- 5 Knoblauchzehen, zu Mus zerdrückt
- ½ Bund frischer Thymian, Blätter abgezupft
- 3 EL Olivenöl
- 1 Prise getrocknete Chiliflocken
- 60 g Kapern, abgegossen und abgespült
- 100 g halb getrocknete Tomaten
- 200 g zerzupfter Sauerteig
- 20 g frische Petersilie, Blätter abgezupft und grob gehackt
- 1 EL Balsamico-Creme, als Abschluss

ERGIBT 4 PORTIONEN

Dieser einfache, geröstete Salat ist die perfekte schnelle Mahlzeit unter der Woche – und passt auch zum Barbecue und für die Grillparty.

Backofen auf 200 °C vorheizen.

Blumenkohl auf ein großes Backblech legen und mit zerdrücktem Knoblauch, Thymian und Olivenöl einreiben. Im vorgeheizten Ofen 30 Minuten rösten.

Aus dem Ofen nehmen und mit getrockneten Chiliflocken, Kapern, halb getrockneten Tomaten und zerzupftem Sauerteig bestreuen. Wieder in den Ofen schieben und weitere 20 Minuten backen, bis der Blumenkohl gut gebräunt ist.

Mit gehackter Petersilie bestreuen und Balsamico-Creme beträufeln und servieren.

NACHOS MIT GEMÜSE

Die genauen Mengen für diese Nacho-Toppings hängen von der Größe Ihres Nacho-Blechs und Ihren Vorlieben ab. Die schwarzen Barbecue-Bohnen und der cremige Chipotle-Dip sind für die Nachos zu viel, aber glücklicherweise machen sie sich gut in anderen Gerichten wie Tacos oder Salaten.

- **250 g Butternuss-Kürbis, in 1,5 cm große Würfel geschnitten**
- **1 EL Oliven- oder Avocadoöl**
- **½ TL getrocknete Chipotle, gerieben oder Cayenne-Pfeffer**
- **Tortilla-Chips**
- **200 g schwarze Barbecue-Bohnen (siehe unten), plus mehr, bei Bedarf**
- **Meersalz, nach Geschmack**

ZUM SERVIEREN

- **115 g Guacamole, plus mehr als Beilage**
- **130 g Pico de Gallo (oder frische Salsa)**
- **50 g Cremiger Chipotle-Dip (siehe unten)**
- **3 Frühlingszwiebeln, dünn geschnitten**

ERGIBT 4–6 PORTIONEN

Backofen auf 200 °C vorheizen.

Gewürfelten Butternuss-Kürbis auf einem mit Backpapier ausgelegten Backblech auflegen. Mit Öl beträufeln und mit gemahlenem Chipotle oder Cayenne-Pfeffer und Salz nach Geschmack bestreuen. Alles vermengen, sodass der Kürbis gut mit den Gewürzen überzogen ist. Im vorgeheizten Ofen etwa 25 Minuten goldbraun rösten, bis er weich ist.

Ofentemperatur auf 180 °C reduzieren.

Tortilla-Chips auf dem mit Backpapier ausgelegten Blech großzügig verteilen, sodass sie in einer dünnen Schicht zu liegen kommen. Gerösteten Kürbis und danach die schwarzen Barbecue-Bohnen gleichmäßig darüber verteilen. Im vorgeheizten Ofen etwa 10 Minuten backen.

Aus dem Ofen nehmen, Nachos mit kleinen Klecksen Guacamole und Pico de Gallo oder Salsa sowie einem Spritzer cremigen Chipotle-Dip garnieren und mit Frühlingszwiebeln bestreuen.

Mit dem Backpapier auf einen großen Teller geben oder direkt vom Blech sofort servieren.

SCHWARZE BARBECUE-BOHNEN

- **Avocado- oder Olivenöl, zum Braten**
- **1 Knoblauchzehe, gehackt**
- **1 TL geräuchertes Paprikapulver**
- **½ TL Kreuzkümmel, gemahlen**
- **400 g schwarze Bohnen im Saft aus der Dose**
- **2 EL Tomatenmark**
- **1 EL reiner Ahornsirup**
- **60–120 ml Gemüsebrühe**
- **Meersalz, nach Geschmack**

ERGIBT 4 PORTIONEN

Öl in einer großen Pfanne mit hohem Rand bei mittlerer Hitze erwärmen. Knoblauch und Gewürze zugeben und 1 Minute braten. Bohnen mit Saft zugeben und verrühren, sodass alles mit Gewürzen überzogen ist. Tomatenmark, Ahornsirup und Salz einrühren. Auf mittlere bis niedrige Hitze reduzieren, zudecken und 10 Minuten kochen. Eventuell etwas Brühe zugießen. Vom Herd nehmen und vor dem Servieren zugedeckt 10 Minuten ruhen lassen.

CREMIGER CHIPOTLE-DIP

- **75 g Tahini, gut verrührt**
- **1 Chipotle in Adobo -Sauce oder ½ EL Chipotle-Paste**
- **1 EL Adobo-Sauce aus der Chipotle-Dose (weglassen, (wenn Paste verwendet wird)**
- **1 EL Limettensaft, frisch gepresst**
- **1 TL reiner Ahornsirup**
- **½ TL Meersalz**
- **1 Knoblauchzehe, geschält**

ERGIBT ETWA 235 ML

Alle Zutaten in einer Küchenmaschine mit 75 ml Wasser glatt pürieren. Bei Bedarf mehr Wasser zugießen, um die gewünschte Konsistenz zu erreichen.

PORTABELLINI-CHAMPIGNONS

MIT CANNELLINI-BOHNEN & ZITRONEN-TAHINI-DRESSING

- 500 g Wiesenchampignons, ohne Stiele
- 100 ml plus 1 EL extra natives Olivenöl
- 2 Knoblauchzehen, fein gehackt
- 1 TL frische Thymianblätter
- 4 großzügige Handvoll frischer Baby-Spinat
- 400 g Cannellini-Bohnen aus der Dose, abgegossen und abgespült

ZITRONEN-TAHINI-DRESSING

- 75 g Tahini-Paste
- Abrieb und Saft von 1 Bio-Zitrone
- 2 Knoblauchzehen, gerieben

ERGIBT 3–4 PORTIONEN

Wiesenchampignons haben einen angenehm aromatischen Geschmack und sind eine Suche wert, aber als Alternative kann man auch braune Zuchtchampignons verwenden, wenn Sie keine auftreiben sollten.

Backofen auf 180 °C vorheizen.

Champignons auf ein Backblech legen, Öl mit Knoblauch und Thymian vermengen und 1 EL davon über den Champignons verteilen. 10-15 Minuten braten, bis sie gar sind. Spinat und Bohnen mit restlichem Knoblauch-Thymianöl vermengen und rund um die Champignons auf dem Blech verteilen.

Alles wieder in den Ofen schieben, bis der Spinat leicht zusammenfällt und die Bohnen warm sind. Alles auf einem Servierteller arrangieren und den auf dem Blech verbliebenen Saft darübergießen.

Alle Zutaten für das Tahini-Dressing mit 60-75 ml Wasser in einer Schüssel vermengen und die Champignons vor dem Servieren damit beträufeln.

GERÖSTETER BUTTERNUSS-KÜRBIS

MIT LINSEN & GRANATAPFELKERNEN

- **2 kleine Butternuss-Kürbisse, halbiert und entkernt**
- **4–5 EL Olivenöl**
- **1 Handvoll frische Thymianblätter**
- **2 EL frischer Rosmarin, gehackt**
- **2 große Lauchstangen, zugeputzt und gehackt**
- **300 g kleine Kirschtomaten**
- **400 g schwarze Beluga-Linsen aus der Dose**
- **Meersalz und frisch gemahlener schwarzer Pfeffer**

DRESSING

- **3½ EL Olivenöl**
- **3½ EL Granatapfel-Melasse**

ZUM SERVIEREN

- **50 g geröstete Pinienkerne**
- **3–4 EL Granatapfelkerne**

ERGIBT 4 PORTIONEN

Kürbis in der Schale zu rösten verleiht dem Gemüse eine fabelhafte Konsistenz und die Schale schmeckt unglaublich gut. Servieren Sie das Gericht mit Rucola-Salat.

Backofen auf 190 °C vorheizen.

In das Fleisch der Kürbisse mit der Spitze eines scharfen Messers ein Rautenmuster leicht einschneiden. Mit etwas Öl beträufeln, mit Thymian und Rosmarin bestreuen, auf ein flaches Backblech legen und 15 Minuten backen.

Blech aus dem Ofen nehmen und Kürbis auf eine Seite schieben. Mit gehacktem Lauch bestreuen. Tomaten auf der anderen Blechseite verteilen und mit dem restlichen Öl beträufeln. Mit Salz und frisch gemahlenem schwarzen Pfeffer würzen und wieder für 20 Minuten in den Ofen schieben, bis der Kürbis weich und Lauch und Tomaten leicht angekohlt sind.

Lauch und Tomaten in eine Schüssel geben. Linsen abgießen und abspülen und ebenfalls in die Schüssel geben.

Olivenöl mit Granatapfel-Melasse für das Dressing verrühren und etwa die Hälfte der Linsen-Mischung zugeben. Die Hohlräume der Kürbisse mit der Mischung füllen und das Backblech zurück in den Ofen schieben. 5 Minuten backen, bis die Linsen-Mischung gut durchwärmt ist.

Aus dem Ofen nehmen, mit restlichem Dressing beträufeln, mit Pinienkernen und Granatapfelkernen bestreuen und mit frisch gemahlenem Pfeffer großzügig würzen.

GERÖSTETE ROTE RÜBEN MIT BALSAMICO-DRESSING

- **1 kg gemischte Rote Rüben, geschält und in Spalten geschnitten**
- **3 rote Zwiebeln, in Spalten geschnitten**
- **250 g braune Zuchtchampignons, in Scheiben geschnitten**
- **135 ml Olivenöl**
- **5-6 Zweige frischer Rosmarin, gehackt**
- **400 g grüne Linsen aus der Dose, abgegossen und abgespült**
- **3 EL Balsamico-Essig**
- **1 TL Puderzucker**
- **1 Knoblauchzehe, fein gerieben**
- **Frische, gemischte Kräuter (Dill, Schnittlauch, Petersilie), gehackt, zum Servieren**

ERGIBT 4 PORTIONEN

Dies ist ein ganz besonderes Blechgericht und schmeckt noch besser, wenn man es mit viel knusprigem Brot zum Auftunken des Bratensaftes serviert.

Backofen auf 190 °C vorheizen.

Rote Rüben auf einem Backblech verteilen, zuerst Zwiebeln, dann die Champignons darüber verteilen. Mit 3 EL Olivenöl beträufeln und mit dem gehackten Rosmarin bestreuen. 45–50 Minuten rösten, bis die Rüben weich sind.

Linsen auf das Blech geben, wieder für 5 Minuten in den Ofen schieben, bis die Linsen gut durchwärmt sind.

Restliches Olivenöl, Balsamico-Essig Zucker und Knoblauch verrühren.

Blech aus dem Ofen nehmen, mit Dressing beträufeln und frischen, gehackten Kräutern bestreuen und warm oder bei Raumtemperatur servieren.

GERÖSTETES WINTER-GEMÜSE & LINSEN

- 400 g Pastinaken, geschält und in Stifte geschnitten
- 1 mittelgroße Fenchelknolle, in Spalten geschnitten
- 5–6 EL Olivenöl
- 3 EL brauner Reissirup oder Ahornsirup
- 1 mittelgroßer Blumenkohl, in Röschen zerpflückt
- 2 kleine Lauchstangen, zugeputzt und in Scheiben geschnitten
- 1 kleiner Spitzkohl, dick geschnitten
- 1 TL Fenchelsamen
- 400 g grüne Linsen aus der Dose, abgegossen und abgespült
- Meersalz und frisch gemahlener schwarzer Pfeffer
- Dill oder Fenchelgrün, zum Garnieren

DRESSING

- 100 ml extra natives Olivenöl
- 25 g körniger Senf
- 2 EL Apfelessig
- 15 g Puderzucker
- Zesten von 1 Zitrone

ERGIBT 4 PORTIONEN

Dieses Eintopf-Medley qualifiziert sich für den Himmel an geröstetem Gemüse – die Ofenhitze bringt die natürliche Süße jeder Gemüsesorte zur Geltung und schafft ein köstliches Ergebnis.

Backofen auf 190 °C vorheizen.

Pastinakenstifte und Fenchelspalten in einer großen Schüssel mit der Hälfte des Öls sowie braunem Reissirup oder Ahornsirup vermengen. Gut verrühren, sodass alles damit überzogen ist, danach auf einem Backblech verteilen. Etwa 15 Minuten rösten, bis das Gemüse beginnt, weich zu werden.

Blumenkohlröschen über dem Gemüse verteilen und gleichmäßig mit Lauchstückchen bestreuen. Kohlstücke halbieren oder vierteln und auf dem Backblech verteilen. Mit restlichem Öl beträufeln, mit Fenchelsamen bestreuen und mit Salz würzen. Backblech wieder in den Ofen schieben und weitere 20 Minuten rösten, bis das Gemüse weich und an den Rändern leicht angekohlt ist.

Sobald das Gemüse gar ist, Linsen gleichmäßig darüber verteilen und für weitere 5 Minuten in den Ofen schieben, bis die Linsen warm sind.

In der Zwischenzeit alle Zutaten für das Dressing in einer Schüssel verquirlen. Backblech aus dem Ofen nehmen, Gemüse mit dem Dressing beträufeln und zum Servieren mit Dill und Fenchelgrün garnieren.

BLUMENKOHL-BRIAM

- 50 ml/3½ EL extra natives Olivenöl, plus extra, bei Bedarf
- 200 g Süßkartoffeln, geschrubbt und mit der Schale in Scheiben geschnitten
- 12 Kirschtomaten
- 3 Zucchini, in Scheiben geschnitten
- 1 große Aubergine, in Scheiben geschnitten
- 1 große Zwiebel, in Ringe geschnitten
- 3 Knoblauchzehen, zerdrückt
- 250 g Sprossenblumenkohl oder normalen Blumenkohl
- 300 g Passata/Tomatenpüree
- 30 g frischer Oregano, Blätter abgezupft
- Meersalz und frisch gemahlener schwarzer Pfeffer

ERGIBT 6 PORTIONEN

Ein Gemüseauflauf nach griechischer Art, der frisch zubereitet und warm köstlich ist, aber noch besser schmeckt, wenn man ihn am nächsten Tag bei Raumtemperatur serviert. Die Süßkartoffeln passen wunderbar zu den anderen Aromen.

Backofen auf 220 °C vorheizen.

Olivenöl, Süßkartoffeln, Kirschtomaten, Zucchini, Auberginen, Zwiebeln, Knoblauch, Blumenkohl und Passata in einen hitzebeständigen Bräter geben. Gemüse mit Oregano bestreuen und großzügig mit Salz und Pfeffer würzen. Mit den Händen alles gut vermengen und bei Bedarf mit extra Olivenöl beträufeln.

Im vorgeheizten Ofen 30 Minuten backen, dann Ofentemperatur auf 200 °C reduzieren. Weitere 20–30 Minuten backen, bis die Oberfläche gebräunt und das Gemüse weich ist; etwas Wasser zugießen, wenn die Mischung zu trocken wird. Vor dem Servieren leicht auskühlen lassen.

OFEN-GEMÜSE MIT KIDNEY-BOHNEN MIT AVOCADO-HOLLANDAISE

- 1 Zwiebel, gehackt
- 3 Selleriestangen, gehackt
- 2 Knoblauchzehen, fein gehackt
- 3 Süßkartoffeln, geschält und gewürfelt
- 2 Karotten, gewürfelt
- 2 gelbe Paprikaschoten, entkernt und in Streifen geschnitten
- 1 rote Paprikaschote, entkernt und in Streifen geschnitten
- 250 g braune Zuchtchampignons, in Scheiben geschnitten
- 450 g Kirschtomaten
- 4–5 EL Olivenöl
- 2 TL Kreuzkümmel, gemahlen
- 2 TL Koriander, gemahlen
- 2 TL Chilipulver
- 2 TL Puderzucker
- 600 ml Passata/Tomatenpüree
- 2 EL Ketchup guter Qualität
- 400 g rote Kidney-Bohnen aus der Dose, abgegossen und abgespült
- 2 Handvoll frischer Baby-Spinat
- 1 Handvoll frischer Koriander, gehackt
- Meersalz und frisch gemahlener schwarzer Pfeffer

AVOCADO-HOLLANDAISE

- 1 große, reife Avocado
- Saft von ½ Zitrone
- 2 EL Olivenöl

ERGIBT 4 PORTIONEN

Das ist ein mildes Chili ohne Fleisch, das nicht allzu pikant und deshalb familienfreundlich ist. Aber Chili-Fanatiker können getrocknete Chiliflocken, einen Spritzer Chiliöl oder sogar einige gehackte frische Chilis zugeben. Die Avocado-„Hollandaise" hebt das Gericht auf einen anderen Level – servieren Sie also die beiden zusammen.

Backofen auf 180 °C vorheizen.

Zwiebeln, Sellerie und Knoblauch in einem tiefen Bräter verteilen. Süßkartoffeln, Karotten, Paprikaschoten, Champignons und Kirschtomaten zugeben. Alles mit Olivenöl beträufeln, Gewürze und Zucker zugeben, mit Salz und frisch gemahlenem schwarzen Pfeffer würzen und 20–35 Minuten rösten, bis das Gemüse beginnt, weich und braun zu werden.

Aus dem Ofen nehmen und Passata und Ketchup einrühren. Weitere 30 Minuten backen. Aus dem Ofen nehmen, Kidney-Bohnen, Spinat und die Hälfte des Koriander unterrühren. Nochmals 5 Minuten in den Ofen schieben, bis der Spinat zusammengefallen ist. Mit restlichem Koriander bestreuen.

In der Zwischenzeit, die Avocado-Hollandaise zubereiten: Avocado schälen und entkernen, Fruchtfleisch grob hacken und in einen Mixer geben (alternativ kann man es in eine Schüssel geben und einen Stabmixer verwenden). Zitronensaft, Olivenöl und 3½ EL Wasser zugeben und glatt pürieren. Nach Geschmack würzen und neben dem Gemüse mit Kidney-Bohnen in einer kleinen Schüssel servieren.

KARTOFFEL-ROSMARIN-PIZZA

PIZZABODEN

- 500 g Hartweizenmehl
- 1 TL feines Meersalz
- 1 TL Puderzucker
- 7 g Trockenhefe
- 1 EL Olivenöl
- Etwa 300 ml handwarmes Wasser

BELAG

- 600 g kleine mehlige Kartoffeln, in sehr dünne Scheiben geschnitten und eingeweicht (siehe Einleitung)
- 4 EL Olivenöl
- 2 EL Rosmarin, fein gehackt
- 1 großer Bund Frühlingszwiebeln, gehackt
- Meersalz und frisch gemahlener schwarzer Pfeffer

ERGIBT 4 PORTIONEN

Diese vegane Pizza wird mit Grundnahrungsmitteln zubereitet, die man normalerweise in der Küche hat – und wenn man Trockenhefe verwendet, dauert es auch nicht lange. Wenn Sie es nicht eilig haben, weichen Sie die Kartoffeln 30 Minuten ein, bevor Sie den Pizzaboden zubereiten – so werden die Kartoffeln knuspriger.

Backofen auf 200 °C vorheizen.

Mehl in eine große Schüssel geben und mit Salz und Zucker vermengen. Hefe zugeben und gut verrühren. Olivenöl und ausreichend handwarmes Wasser zugießen und zu einem Teig verrühren, der weich, aber nicht klebrig ist. Teig 5–10 Minuten kneten, bis er glatt ist, in zwei Teile teilen und jedes Stück auf ein Rechteck ausrollen, das auf je ein Backblech passt.

Kartoffeln abgießen und unter fließendem kaltem Wasser abspülen. Gründlich mit Küchenpapier oder einem sauberen Geschirrtuch abtrocknen. Mit Olivenöl und Rosmarin in eine Schüssel geben, großzügig mit Salzflocken und schwarzem Pfeffer würzen und vermengen, sodass alle Kartoffelscheiben mit den Gewürzen überzogen sind.

Frühlingszwiebeln auf den zwei Böden gleichmäßig verteilen, die Kartoffelscheiben leicht überlappend auflegen, bis die Böden vollständig bedeckt sind. Pizzen etwa 20 Minuten backen, bis die Kartoffeln gar und goldbraun knusprig sind. In Quadrate schneiden und sofort servieren.

MAIS-TOFU-PASTETE

- 500 g/17 Blätter Filoteig
- 100 g Olivenöl

FÜLLE

- 250 g süße Maiskörner (frisch, aus der Dose oder tiefgefroren und aufgetaut)
- 500 g mittelweicher Tofu
- 2 EL Olivenöl
- 2¼ TL Meersalz
- 460 ml Soja-Milch
- 230 ml heißes Wasser
- 130 g feiner Maisgrieß

ERGIBT 6–8 PORTIONEN

Die vegane Version einer griechischen Filo-Pastete ergibt ein ausgezeichnetes, sättigendes Mittag- oder Abendessen. Maiskörner bringen angenehme Süße und Textur in die weichen Tofu-Schichten, man kann aber stattdessen auch blanchiertes Grüngemüse verwenden – eine Variation, die einen Versuch wert ist, serviert mit einem großen Salat oder veganem Joghurt.

Zuerst die Fülle zubereiten. Maiskörner aus der Dose zuerst waschen und abgießen. Tofu mit den Fingern in eine große Schüssel krümeln und Mais, Öl, Salz, Milch und heißes Wasser zugeben und alles gut vermengen. Polenta einrühren. Die Fülle sollte ziemlich glatt sein, bis auf den Mais und die Tofustücke.

Backofen auf 180 °C vorheizen. Eine Backform (20 x 30 cm) mit Öl ausstreichen.

Sollten die Filo-Blätter größer als die Form sein, auf das richtige Maß zuschneiden. Keine Sorge, wenn der Teig reißt, man kann die Schäden leicht ausbessern – nur die zwei obersten Blätter sollten unbeschädigt bleiben.

Ein Teigblatt in die Backform legen (restliche Blätter mit Frischhaltefolie abdecken, damit sie nicht austrocknen) und leicht mit Öl bestreichen. Mit einem zweiten Blatt abdecken und dieses ebenfalls mit Öl bestreichen. Vorgang mit zwei weiteren Blättern wiederholen.

Ein Fünftel der Fülle mit einem Spatel gleichmäßig darüber verteilen.

Mit einem Teigblatt abdecken, leicht mit Öl bestreichen und mit einem zweiten Blatt abdecken (das muss man nicht mehr mit Öl bestreichen). Ein weiteres Fünftel der Fülle gleichmäßig darüber verteilen. Vorgang so lange wiederholen, bis sich 5 Schichten Fülle und Filo-Blätter in der Backform befinden.

Als Abschluss restliche 5 Filo-Blätter mit ein wenig Öl bestreichen und auf die Pastete legen – die zwei schönsten, unbeschädigten Teigblätter sollten obenauf liegen. Überstehende Fülle oder Teig mit einem Spatel an den Rändern der Backform nach unten schieben. Mit einem scharfen Messer 16 Quadrate in den Teigblättern markieren.

Im vorgeheizten Ofen 45 Minuten goldbraun backen, bis die Pastete nicht mehr wackelt oder beim Berühren weich erscheint.

Vor dem Servieren vollständig in der Form auskühlen lassen (mindestens 5 Stunden oder über Nacht).

GERÖSTETES MEDITERRANES GEMÜSE MIT BALSAMICO-DRESSING

- 2 rote Zwiebeln, in Spalten geschnitten
- 1 große Zucchini, in Scheiben geschnitten
- 1 mittelgroße Aubergine, in mundgerechte Stücke geschnitten
- 1 rote Paprikaschote, entkernt und in Streifen geschnitten
- 1 gelbe Paprikaschote, entkernt und in Streifen geschnitten
- 1 orange Paprikaschote, entkernt und in Streifen geschnitten
- 400 g Kirschtomaten
- 5 EL Olivenöl
- Frische Thymianblätter zum Bestreuen
- 3 EL Balsamico-Essig
- Meersalz und frisch gemahlener schwarzer Pfeffer
- Frischer Basilikum, zum Garnieren

ERGIBT 4 PORTIONEN

Unter „große Zucchini" in der Zutatenliste sollte man nicht Kürbisgröße verstehen – riesige Zucchini schauen zwar beeindruckend aus, doch meist mangelt es ihnen an Geschmack, da der Wassergehalt höher ist und die Samen größer sind – und manchmal schmecken sie sogar leicht bitter. Man sollte das Gemüse rösten, bis es an den Rändern leicht angekohlt ist – das dauert in etwa 1 Stunde, doch wird man mit viel Geschmack belohnt.

Backofen auf 190 °C vorheizen.

Zwiebelspalten, Zucchini, Auberginen und Paprika auf ein Backblech geben. Tomaten ganz lassen und darüber verteilen. Alles mit Öl beträufeln sowie mit Salz und frisch gemahlenem schwarzem Pfeffer und viel frischem Thymian würzen. Etwa 50–60 Minuten rösten, bis das Gemüse glänzend, weich und an den Rändern leicht angekohlt ist, dabei nach der Hälfte der Backzeit alles gut umrühren.

Mit Balsamico-Essig beträufeln, mit frischem Basilikum garnieren und warm oder bei Raumtemperatur servieren.

KARAMELLI-SIERTER FENCHEL & KAROTTEN MIT ZITRUS-DRESSING

- 2 Fenchelknollen
- 600 g Karotten
- 4–5 EL Olivenöl
- Saft von 1 Zitrone
- 2 TL Puderzucker
- 4 saftige Bio-Orangen
- 1 große Handvoll gemischte Kräuter (Petersilie, Koriander, Dill, Schnittlauch etc.), gehackt
- Meersalz und frisch gemahlener schwarzer Pfeffer

DRESSING
- 100 ml Olivenöl
- Zesten und Saft von 1 Zitrone, frisch gepresst
- 1 TL Puderzucker

ERGIBT 4 PORTIONEN

Warmer, karamellisierter Fenchel und Karotten mit dünnen Orangenscheiben ergeben eine wunderbare Kombination. Knausern Sie nicht bei den Kräutern.

Backofen auf 190 °C vorheizen.

Fenchelknollen putzen und von der Wurzel bis zur Spitze halbieren. Jede Hälfte in drei oder vier Spalten schneiden und diese auf ein Backblech legen. Karotten der Länge nach je nach Größe halbieren oder vierteln und ebenfalls auf das Blech legen. Alles mit Öl und Zitronensaft beträufeln und mit Zucker bestreuen. Etwa 25–30 Minuten rösten, bis das Gemüse weich und an den Rändern leicht angekohlt ist.

In der Zwischenzeit obere und untere Kappe der Orangen abschneiden, schälen und in dünne Scheiben schneiden. Öl, Zitronensaft und Zucker für das Dressing vermengen, Saftreste aus den Orangenkappen auspressen und zugießen. Mit etwas Salz und schwarzem Pfeffer würzen.

Blech aus dem Ofen nehmen und alles auf einem Servierteller arrangieren. Mit Zitrus-Dressing beträufeln, mit frischen Kräutern bestreuen und servieren.

SÜSSKARTOFFEL-SAFRAN-AUBERGINEN-CHORBA

- 2 Zwiebeln, gehackt
- 2 Süßkartoffeln (etwa 400 g), geschält und in mundgerechte Stücke geschnitten
- 1 Aubergine, gewürfelt
- 100 g Kirschtomaten, in Scheiben geschnitten
- 4 EL Olivenöl
- 2 EL Ras el Hanout
- 1 l Gemüsebrühe
- 1 großzügige Prise Safranfäden
- 100 g schnell kochender Dinkel oder Basmati-Reis
- 400 g Kichererbsen aus der Dose
- 1 Handvoll frischer Koriander, gehackt

ERGIBT 4 PORTIONEN

Chorba ist eine herzhafte Suppe oder Eintopf und in vielen nordafrikanischen Ländern beliebt. Servieren Sie es mit dickem veganem Joghurt, einem Spritzer Chiliöl und knusprigem Brot.

Backofen auf 190 °C vorheizen.

Zwiebeln und Süßkartoffeln in einen Bräter mit hohem Rand geben. Auberginen und Kirschtomaten zugeben. Mit Olivenöl beträufeln und Ras el Hanout einrühren, sodass alles gut damit überzogen ist. Bräter in den vorgeheizten Ofen schieben und das Gemüse 20–25 Minuten goldbraun rösten.

Brühe zugießen und Safran sowie Dinkel (oder Reis) zugeben. Kichererbsen abgießen und abspülen, ebenfalls zugeben und alles kräftig umrühren. Bräter wieder in den Ofen schieben und weitere 25–30 Minuten backen, bis der Dinkel (oder Reis) gar und die Suppe eingedickt ist. Mit frisch gehacktem Koriander bestreuen und servieren.

KNUSPIGER KARTOFFEL-STRUDEL

- **6 Blätter Filo-Teig à 35 x 30 cm**
- **90 g Sonnenblumenöl, plus extra zum Befetten**
- **4 große Kartoffeln, geschält**
- **180 g Zwiebeln, gewürfelt**
- **¼ TL Meersalz**
- **¼–½ TL schwarze Pfefferkörner, zerdrückt**
- **100 ml heiße Gemüsebrühe**

ERGIBT 12 STÜCK

Jeder mag Kartoffeln und jeder mag knusprigen Filo-Teig – das ist ein sicheres Rezept für heikle Esser und Gäste, die veganem Essen gegenüber kritisch eingestellt sind. Ein Gaumenschmaus für alle!

Filo-Teig 30 Minuten vor der Verwendung aus dem Kühlschrank nehmen, so brechen die Blätter während des Backens nicht.

Ein Teigblatt auf einer trockenen Arbeitsfläche mit der Längsseite zum Körper auflegen (restliche Teigblätter mit Frischhaltefolie abdecken, damit sie nicht austrocknen). 3 EL Wasser mit 4 EL Öl in einer kleinen Schüssel verrühren. Teigblatt mit einem Silikon-Spatel leicht mit der Öl-Wasser-Mischung bestreichen. Ein zweites Teigblatt darüberlegen (das muss nicht mehr befettet werden).

2 Kartoffeln würfeln, die anderen beiden reiben. Kartoffeln in einer Schüssel mit Zwiebeln, Salz und Pfeffer vermengen.

Backofen auf 180 °C vorheizen. Ein Backform (23 x 30 cm) befetten.

Ein Drittel der Kartoffelfülle in einem 6 cm breiten Streifen auf dem Filoteig verstreichen, dabei am Rand 2 cm frei lassen, sodass die Fülle später nicht herausfallen kann. Zu einem Strudel aufrollen und in die vorbereitete Backform legen. Mit den restlichen Teigblättern und der Fülle gleich verfahren, sodass 3 Strudel entstehen. Diese mit Öl bestreichen und mit einem scharfen Messer teilweise durchschneiden, sodass man 4 Stück pro Strudel erhält. Jeden Strudel mit 2 EL heißer Gemüsebrühe beträufeln.

10 Minuten im Ofen backen, dann wiederum mit heißer Gemüsebrühe beträufeln. Dies wiederholen, bis keine Suppe mehr vorhanden ist. Der Strudel wird weitere 25–30 Minuten benötigen, um an der Oberfläche und den Rändern braun und knusprig zu werden, im Inneren jedoch saftig zu bleiben. Warm oder kalt mit einem knackigen grünen Salat servieren.

BLUMENKOHLRÖSTI MIT BERBERE-GEWÜRZMISCHUNG,

APRIKOSEN & MUHAMMARA

MUHAMMARA

- 2 rote Paprikaschoten, entkernt und in Streifen geschnitten
- 3 EL Olivenöl
- 1 TL Kreuzkümmel, gemahlen
- 50 g Walnusskerne
- 1 Knoblauchzehe, fein gehackt
- 30 g Brösel, frisch gerieben
- 1 EL Granatapfel-Melasse
- 1 EL Ketchup guter Qualität
- 1 TL getrocknete rote Chiliflocken
- Meersalz und frisch gemahlener schwarzer Pfeffer

BLUMENKOHL

- 1 Blumenkohl
- 3-4 EL Olivenöl
- 1½ EL Berbere-Gewürzmischung (siehe Seite 99)
- 50 g Pinienkerne, geröstet
- 200 g getrocknete Aprikosen, halbiert

ZUM SERVIEREN

- 2 EL Granatapfel-Melasse
- 3 EL Olivenöl
- 1 Handvoll frischer Koriander, gehackt
- 1 kleine Handvoll frische Petersilie, gehackt
- Minzeblätter, zum Garnieren

ERGIBT 4 PORTIONEN

Berbere ist eine kräftig pikante Gewürzmischung aus Äthiopien – wenn Sie sie selbst zubereiten, können Sie die Schärfe nach Ihrem Geschmack richten. Muhammara ist eine glorreiche Erfindung aus Syrien zum Dippen, die in der ganzen Levante beliebt ist.

Backofen auf 190 °C vorheizen.

Für die Muhammara rote Paprikaschoten mit 2 EL Öl und Kreuzkümmel vermengen und die Streifen auf einem großen Backblech verteilen. 20 Minuten rösten, bis sie weich und leicht angekohlt sind.

In einen Mixer geben und pürieren. Walnüsse, Knoblauch, Brösel, Granatapfel-Melasse, Ketchup, Chili und restliches Öl zugeben und nochmals pürieren, es sollte etwa die Konsistenz von aufgeschlagener Sahne haben. Wenn die Mischung zu dick sein sollte, etwas warmes Wasser zugießen. Mit Salz würzen und beiseitestellen.

Blumenkohl in kleine Röschen zerpflücken und in einer Schüssel mit Öl und der Berbere-Gewürzmischung vermengen. Auf dem Backblech, das für die Paprika verwendet wurde, verteilen und etwa 15 Minuten rösten, bis der Blumenkohl gar, aber noch bissfest ist. Mit Pinienkernen und Aprikosen bestreuen und nochmals für einige Minuten in den Ofen schieben, um alles gut zu erwärmen.

Granatapfel-Melasse und Öl verquirlen und Blumenkohl damit beträufeln. Mit frischen, gehackten Kräutern bestreuen, mit Minzeblättern garnieren und mit Muhammara servieren.

REGISTER

NACHWEIS

REZEPTNACHWEIS

GHILLIE BASAN
Auberginen-Tajine
Baby-Zucchini-Eintopf
Kartoffel-Fenchel-Tajine
Salzzitronen

LIZ FRANKLIN
Blumenkohlrösti mit Berbere-Gewürzmischung, Aprikosen & Muhammara
Bruschetta mit Zimt
Gebackene Linsen mit Wurzelgemüse
Gebackenes Hafermilch-Porridge
Geröstete Rote Rüben
Gerösteter Butternuss-Kürbis mit Beluga Linsen
Geröstetes Gemüse & Kidney- Bohnen
Geröstetes mediterranes Gemüse mit Balsamico-Dressing
Karamellisierter Fenchel & Karotten
Kartoffel-Rosmarin-Pizza
Müsli mit Pekan-Nüssen & Kakaoraspeln
Portabellini-Champignons mit Cannellini-Bohnen & Zitronen-Tahini Dressing
Rhabarber-Brombeeren-Blaubeeren-Kompott
Schwarzer Reis mit Lorber-Kokosmilch
Süßkartoffel-Safran-Auberginen-Chorba
Wintergemüse mit Linsen

TONIA GEORGE
Linsen-Spinat-Suppe mit Kreuzkümmel

DUNJA GULIN
Adzuki-Bohnen mit Amaranth
Heilende Miso-Suppe
Knuspriger Kartoffel-Strudel
Mais-Tofu-Pastete
Miso-Nudeleintopfsuppe
Tofu-Scramble

KATHY KORDALIS
Karibische Süßkartoffel-Kokos-Suppe
Blumenkohl-Briam
Blumenkohl, Butternuss-Kürbis & Kichererbsen
Blumenkohl,-Gemüse-Bohnen-Ragout
Blumenkohl-Larb
Blumenkohl-Risotto
Cremige Blumenkohl-Suppe
Dan-Dan-Blumenkohl-Suppe
Gerösteter Blumenkohl-Salat
Grünes Thai-Curry
Körniges Porridge auf 3 Arten
Laksa mit Blumenkohl

JENNY LINFORD
Champignon-Bohnen-Chili
Champignon-Spinat-Kokos-Curry
Kartoffel-Linsensalat mit Harissa
Kartoffel-Miso-Suppe
Kichererbsen, Mangold & Kartoffeln
Mexikanischer roter Reis
Safran-Reis persische Art
Tarka-Tomaten-Dal
Tomaten-Curry

HANNAH MILES
Drei-Bohnen-Suppe
Massaman-Suppe
Sonnen-Suppe
Spinat-Suppe mit Muskatnuss
Süßkartoffel-Ahornsirup-Suppe mit Koriander

LOUISE PICKFORD
Bohnen-Erbsen-Paella
Gebackener Reis mit Kichererbsen & Rosinen
Gemüse-Paella
Paella mit Artischocken & Bohnen

LEAH VANDERVELDT
Avocado-Dip
Butternuss-Kürbis mit schwarzen Bohnen
Chipotle-Dip
Cremige Blumenkohlsuppe
Cremige Süßkartoffeln & weiße Bohnen
Frühlingsgemüsesuppe
Grüne Kitchari-Bowl
Grüne Thai-Suppe
Kichererbsen-„Tikka"-Masala
Klassisches gemischtes Hafer-Porridge
Knoblauch-Joghurt-Dip
Kürbis-Kokos-Suppe
Marokkanische Linsen
Nachos mit Gemüse
Roter Linsen-Dal
Schokolade-Kokos-Müsli
Schwarze Barbecue-Bohnen

LAURA WASHBURN HUTTON
Griechisches Sommergemüse

BILDNACHWEIS

ED ANDERSON
Seite 11.

TIM ATKINS
Seite 137.

JAN BALDWIN
Seiten 149, 160.

MARTIN BRIGDALE
Seite 82.

PETER CASSIDY
Seiten 69, 124.

MOWIE KAY
Seiten 25, 56, 58, 62, 70, 90, 102, 108, 121, 123, 128, 140.

ALEX LUCK
Seiten 42, 45, 46, 49, 53, 54, 59.

DAVID MUNNS
Seite 92.

STEVE PAINTER
Seiten 1, 14, 17, 18, 19, 20, 22, 23, 36, 51, 57, 63, 64, 71, 77, 78, 81, 98, 106, 117, 132, 135, 136, 139, 143, 144, 148, 151, 152, 156.

WILLIAM REAVELL
Seiten 27, 101, 155.

NASSIMA ROTHACKER
Seiten 103, 125.

CHRISTOPHER SCHOLEY
Seite 104.

TOBY SCOTT
Seiten 38, 41.

YUKI SUGIURA
Seite 37.

IAN WALLACE
Seiten 2-3, 27, 28, 35, 47, 83, 91, 109, 112, 115, 119, 120, 133, 163.

KATE WHITAKER
Seiten 4, 43, 74, 84, 129.

CLARE WINFIELD
Seiten 5, 7, 8, 10, 13, 15, 16, 30, 31, 33, 34, 50, 52, 60, 65, 66, 67, 72, 73, 75, 86, 89, 93, 94, 97, 111, 116, 118, 126, 131, 141, 149, 167.